JN026657

日経xwomanの本

実録 中学受験 成功の分析

日経BP

はじめに

一昔前、中学受験は限られた一部の子どもだけが挑戦する、特別な受験でした。しかし、今や、東京都内の公立小学校ではクラスの半分以上が中学受験に挑戦するエリアも珍しくはありません。新小4から通塾し、御三家などの難関中高一貫校を目指す家庭もあれば、「塾には行っていないけれど、ためしに公立中高一貫を受けてみようかな」といったカジュアルな姿勢で臨む家庭もあり、その裾野は広がるばかりです。

受験人口は増えているのに中高一貫校の定員はそれほど増えていないため、単純に数字だけを見ると倍率は厳しくなっています。そうした数字や、受験勉強で学ぶ内容の難しさに親の方がひるんでしまって、子どもの中学受験に対して後ろ向きになってしまうこともあるかもしれません。しかし、中学受験にチャレンジすることには、高学年の3年間を充実して過ごせたり、一生涯役立つ勉強習慣が付いたりと、着実に子どもの成長につながるさまざまなメリットがあることも確かです。

この本を手に取ってくださった方の中には、わが子が今まさに中学受験の勉強の真っ最中という方もいれば、「子どもに中学受験をさせようかどうか迷っている」「子どもが中学受験をしたいと言い始めたけれど、中学受験事情がよく分からなくて困っている」という方もいるのではないでしょうか。特に、自身が中学受験をした経験がなかったり、地方出身で都内の中学受験の状況が分からなかったりする親御さんは、不安や悩みが大きいかもしれません。

ですが、「中学受験への道」は子どもと親の数だけあり、まさに百人百様です。子どもの受験勉強のスタイルにも、親のサポート方法にも、塾や志望校の選び方にも、ママとパパの役割分担にも、「これが正解」というものはありません。本書は、中学受験を終えた親子に取材をしてきた日経xwoman DUALの人気連載「中学受験親、集まれ!!」から、11家庭の実例を収録しています。各家庭が、どんな壁にぶつかり、それをどう乗り越え、どのような紆余曲折を経て今に至っているのか、子ども自身はその過程をどのように捉えているのかを詳しく紹介。さらに、中学受験指導に定評がある、人気プロ家庭教師の西村則康先生に、それぞれのケースにおける「成功の要因」を詳しく分析・解説してもらいました。何をもって「成功」とするかは人それぞれですが、中学受験の場合、必ずしもそれは「第一志望合格」だけではないということもご理解いただけるはずです。

さらに、1章と3章では、中学受験業界の第一人者の先生方がご登場。首都圏の中学受験の全体の傾向や最新事情のほか、受験勉強の具体的な進め方、理想のフォロー法、模試の生かし方といった、「成功」に向けた具体的なロードマップの引き方を具体的に指南してもらいました。

幾多の苦難があっても、最後には親子で笑えた。中学受験で得た経験は、その後も成功や自信につながり、家族のきずなづくりに役立った。そうした「わが家なりの正解」を勝ち取るバイブルとして、本書をぜひお役立てください。

実録 中学受験 成功の分析

日経xwoman編

Part 1

Part 2

11家庭の事例に見る中学受験のリアル

西村則康先生ポイント解説付き …… 47

Column 1

Part 3

Column
2

監修者紹介

小川大介（おがわ・だいすけ）

教育家。見守る子育て研究所 所長。京都大学法学部卒業。学生時代から大手受験予備校、大手進学塾で看板講師として活躍後、個別指導塾SS-1を創設。子どもそれぞれの持ち味を瞬時に見抜き、本人の強みを生かして短期間の成績向上を実現する独自ノウハウを確立する。塾運営を後進に譲った後は、教育家として講演、人材育成、文筆業と多方面で活動している。6000回の面談で培った洞察力と的確な助言が評判。受験学習はもとより、幼児期からの子どもの能力の伸ばし方や親子関係の築き方に関するアドバイスに定評があり、各メディアで活躍中。『頭がいい子の家のリビングには必ず「辞書」「地図」「図鑑」がある』（すばる舎）、『頭のいい子の親がやっている「見守る」子育て』（KADOKAWA）など著書・監修多数。

西村則康（にしむら・のりやす）

プロ家庭教師「名門指導会」代表／中学受験情報局「かしこい塾の使い方」主任相談員／塾ソムリエ。40年以上、難関中学への受験指導を一筋に行うカリスマ家庭教師。男女御三家、慶應、早稲田、灘、東大寺学園など最難関中に2500名以上を合格に導く。「なぜ」「だからどうなる」という思考の本質に最短で入り込む授業を実践。情報発信も行っており、保護者のお悩みに誠実に回答する姿勢から支持を集めている。『御三家・灘中合格率日本一の家庭教師が教える 頭のいい子の育て方』（アスコム）、『難関校合格のすごい勉強習慣』（日本能率協会マネジメントセンター）、『スタートダッシュ算数・国語』（青春出版社）ほか著書多数。

森上展安（もりがみ・のぶやす）

撮影／平野晋子

森上教育研究所代表。学習塾運営を経て、森上教育研究所を設立。御三家100名受験74名合格の実績をふまえ、中学受験塾の経営コンサルティングや、中学受験に関する種々のリサーチやソフトウェアの製作、私立中高一貫校経営のコンサルティングを始めとする私学支援事業などの分野を開拓した。2004年より父母向けセミナー「わが子が伸びる親の『技（スキル）』研究会」を開催、中学受験生を持つ父母などに各種勉強会や講演会を行う。私塾、私学向けに『中学受験と私学中等教育』を月刊で発行。著書に『入りやすくてお得な学校』、『10歳の選択　中学受験の教育論』（ともにダイヤモンド社）ほか。

安田 理（やすだ・おさむ）

安田教育研究所代表。早稲田大学卒業後、学習研究社で受験情報誌・教育書籍の企画・編集にあたる。教育情報プロジェクトを主宰、幅広く教育に関する調査・分析を行う。2002年、安田教育研究所を設立。講演・執筆・情報発信、セミナーの開催、コンサルタントとして幅広く活躍中。著書に、『中学受験 わが子をつぶす親、伸ばす親』（NHK出版）、『中学受験　ママへの「個別指導」』（学研）などがある。各種新聞・雑誌、ウエブサイトにコラムを連載中。

清水久三子（しみず・くみこ）

大手アパレル企業を経て1998年に現プライスウォーターハウスコンサルタント（現IBM）入社。企業変革戦略コンサルティングチームのリーダーとして、多くの新規事業戦略立案・展開プロジェクトをリードし、2013年に独立。AND CREATE代表取締役社長として企業研修や経営・人材育成コンサルティング事業に携わる。著書に『プロの資料作成力』（東洋経済新報社）などのビジネス書や、自身の両立メソッドをまとめた『働くママの成功する中学受験　仕事と勉強サポート両立メソッド100』（世界文化社）がある。

Part 1

中学受験の「いま」が分かる

中学受験の現状・徹底解説

中学受験事情は、新型コロナウイルスや大学入試改革などの影響もあり、少しずつ変化しています。近年の首都圏の中学受験の全体的な動向などについて、詳しく解説します。

2021年度中学受験はコロナの影響で無理せず堅実傾向

森上教育研究所代表――森上展安先生

11都府県に緊急事態宣言が出されていた中で行われた2021年度の中学受験。首都圏では受験校選びにどのような動きがあり、入試問題に変化はあったのでしょうか。それを受けてこれから中学受験を検討している家庭はどのように家庭学習をすればいいのでしょうか。

2021年度の入試は「安全志向」

2021年度入試の特徴をひと言で表すとすれば、「安全志向」だったといえるでしょう。その背景に新型コロナウイルスの影響があったことは間違いありません。

２０２０年は4月から5月にかけて緊急事態宣言が出され、塾では対面授業ができなくなり、慣れないオンライン授業で受験勉強を進めていくことになりました。

宣言が解除されてからも、感染防止のため、文化祭などの学校行事が中止になったり、受験生家庭を対象にした学校説明会がオンラインで実施されたりし、実際の学校を見ないまま受験校を決めなければなりませんでした。そこへ、首都圏では入試直前期に2回目の緊急事態宣言が出され、コロナ下で入試の本番を迎えることになりました。何もかもが異例づくしの中学入試になったのです。

こうした事情から２０２１年度の入試は、挑戦校にはチャレンジせず、志望校のランクを少し下げてでも確実に合格できる学校を受験する動きが見られました。コロナ感染を回避するために、遠方の学校への受験を控え、受験校数を減らす家庭も多く見受けられました。

各校の受験生の動きは？

男子難関校の1つである開成中学の受験者は、20年度の１１８８人から21年度の１０５１人と約12

%も減少、武蔵は580人から574人の1%減とさほど大きな変化はありませんでしたが、麻布に関しては971人から844人の13%減と、減少が見られました。

一方、駒場東邦は、ここ数年は実倍率2・0倍と受けやすく、しかも東大合格実績が上がって人気も上がっています。昨年は576人だった受験者が21年度は623人と約8%増加しました。麻布を受けようと思っていた層が、安全策を取って流れたのではないかと思われます。

また、神奈川の聖光学院は16%減、千葉の渋谷教育学園幕張も男子は19%減、女子は15%減となりました。例年であれば都内の受験生が大勢受けに行く学校ですが、コロナで遠方へ移動することのリスクを考え、「受験をしない」選択をしたのではないでしょうか。では、どういう学校が受験者数を増やしたのでしょうか。

難関大の付属校は変わらぬ人気

大学付属の中学はここ数年人気が高く、特に早慶やＧＭＡＲＣＨなどの難関大の付属校は今年も変わらず人気がありました。ここ数年はそこまで難関でないランクの大学付属校や準付属校、系列校の人気が高まっています。これはコロナの影響というよりは、まだ揺れ動いている新しい大学入試を回避したいという考えからきているようです。大学付属では特に日本大学豊山や日本大学第一、第二といった日本大学系列の学校に勢いがありました。

女子に関しては、跡見学園、昭和女子大学付属昭和、実践女子学園、山脇学園といった女子伝統校の受験者数が大幅に増えました。これらの学校は、一時期、生徒確保に苦戦していたこともありましたが、1学年の募集人数が220～280人と多いため、比較的入りやすいと考えた家庭が流れたのではないかと思います。親世代にとってはブランド力があって良いイメージがあるというのも大きいでしょう。

20年度より受験者数が増えた日大系中学

学校名	21年度受験者	20年度受験者
日本大学豊山第1回（2月1日）	482人	366人
日本大学第一（2月1日）	181人	160人
日本大学第二（2月1日）	286人	257人
目黒日本大学（2月1日）	69人	40人

データ提供／森上教育研究所

エリアに関していえば、かえつ有明や、今年から女子を受け入れて共学化した芝浦工業大付属など、都内の湾岸地区の学校も好調でした。これらのエリアは、中学受験率が高い東京湾岸のタワーマンションからアクセスが良いことが人気の理由でしょう。コロナで生活スタイルが変わり、家からなるべく近い学校へ通わせたいと考える家庭が増えているように感じました。

では出題傾向にはどのような変化があったのでしょうか。また、受験を控える6年生、5年生は、中学受験の対策としてはどのように勉強をしていけばいいのでしょうか。

中堅校でも新大学入試を意識した問題が増加

2021年度の受験生は、6年生の大事な時期にオンラ

20年度より倍率が上がった女子伝統校

学校名	21年度 受験者数	21年度 実質倍率	20年度 実質倍率
跡見学園[2] （2月2日午前）	213	2.96	2.4
昭和女子大学付属昭和C （2月3日午前）	301	12.04	7.58
実践女子学園[5] （2月3日午後）	208	6.5	1.16
山脇学園C （2月4日）	379	7.43	5.82

データ提供／森上教育研究所

イン授業になるなど、例年とは異なる受験勉強となりました。そうした中、受験生の状況を考慮して入試問題が易しくなるのではないかとの声が入試前に上がっていました。

確かに入試問題が易しくなった学校はありました。例えば、例年難問が多いことで知られる渋谷幕張ですが、2021年度は比較的簡単な問題が見られました。ところが、合格平均点を見てみると、前年よりも下がっているのです。やはりコロナでオンライン授業になったり、自宅で模試を受けたりするなど、例年とは異なる状況で十分な受験対策ができず、受験生が学力不足だったことが考えられます。

2021年度の入試の全体的な傾向として、出題範囲は減ることなく例年通りでしたが、問題数を減らす学校が多く見られました。これは多少コロナの影響への配慮があったと思います。だからといって、入試問題が易しくなったのかといえば、そうとも限らず、苦戦した受験生は多かったのではないでしょうか。

というのも、例えば理科、社会に関しては問題数自体は減りましたが、1つの問題が長文で書かれていて、じっくり読み込まなければ理解できないような出題が目立ったからです。

全体的に新学習指導要領、すなわち新しい大学入試を意識した問題に変わってきているように感じました。例えば表や資料を読み取って自分の考えを書かせたり、それまで塾では習わなかったような初見の問題を出して、その場で考えさせたりするといった問題が多く見られました。

知識そのものよりも、応用力があるかどうかを見極める問題が増えているように感じました。これは新大学入試を意識している表れです。こうした問題傾向は今後も続いていくでしょう。

これからの入試で求められる3つの力は、家庭で育める

こうした傾向に慣れるためには、2021年度の入試の良問を研究することです。志望校の過去問を見ておくといいでしょう。現時点での実力ではまだ到底解けないかもしれませんが、志望校の問題を「面白い」と思えるかどうかは、大事なポイントです。

新しい入試で求められる「思考力」「判断力」「表現力」は、家庭で育むことができます。日ごろから

テレビや新聞のニュースを見て、親子で意見を交わしたり、料理などのお手伝いをして〝身の回りの科学〟に触れたりすることで、こうした力は身についていくのです。

大事なのはいろいろなことに興味・関心を持ち、初めて見るものに対してもひるまず、まずは読んでみよう、まずはやってみようと面白がって向かう姿勢です。

コロナの影響で、2021年度は中学受験の受験者数がそれなりに減るのではないかと予想されました。しかし実際はその影響はなく、私立・国立中学受験者数は4万1266人(2020年度は4万1288人)と22人減少に留まり、ほぼ昨年並みでした。

大手進学塾では低学年クラスがすでに満席というところもあり、中学受験の勢いは止まりません。また、公立のオンライン授業の遅れから、今まで中学受験を考えていなかった家庭でも、中学受験を検討し始めているようです。こうした中で受験をするには、志望校選びを慎重にしなければなりません。

今後も状況によっては、学校説明会や学校行事がオンラインで行われることは十分考えられます。2021年度はオンラインでの見せ方が上手な学校に人気が集まったように感じます。しかし、その学校がお子さんに合っているかどうかは、オンラインだけでは判断できない面もあります。

そんなときは、実際にその学校へお子さんを通わせている先輩ママ・パパにリアルな話を聞いてみることをおすすめします。いい話は学校説明会でたくさん聞けますが、何か起こったときの学校の対応などは、先輩保護者に聞いたほうが、詳しく知ることができるでしょう。中学受験では、親が積極的に情報を収集することが大切なのです。

豊島岡女子の高校募集停止 受験にどんな影響が？

「女子は高校受験で選択肢が少ない」は本当？

森上教育研究所代表 ― **森上展安**先生

ここ数年、都内の私立中高一貫校で、高校募集を停止する学校が増えています。男子校の成城高校が2019年から募集を停止し、男子進学校の本郷高校も2021年度から高校募集を停止しました。

さらに女子校ではトップクラスの東大合格者数を出し、医学部に合格する生徒も多いことで知られる豊島岡女子学園が、2022年度から高校募集を停止するというニュースは、高校受験を考えている女子小中学生の親に衝撃を与えました。今の中学1年生以降で、高校受験で国立や都立難関校を目指す女子にとっては、私立の併願校の選択肢が一層狭まったからです。

都立の中高一貫校も、高校からも生徒を受け入れていた学校が高校募集を停止しました。富士、武蔵が2021年度から、両国、大泉は2022年度から、白鷗も2023年度に高校募集を停止します。

中高一貫校の中で高校募集を停止する学校が増えている背景

皆さんご存じのように、今の日本社会は急速に少子化が進んでおり、今後、学齢人口は減っていきます。つまり、中学受験をする生徒も減っていく可能性が高いということです。これは学校経営としては、マーケットが狭くなるということになるわけです。

そもそも学校というのは財源もマンパワーも少ない資源で運営しているところです。中学・高校の両方で生徒を募集するには、マンパワー的にもコスト的にも、大きな負担がかかります。

それよりも、中学から入ってきた生徒を6年間かけて育てるほうが指導が行き届き、効果も上がりやすいのです。実際、中高一貫校の場合、中学からの入学生のほうが、高校からの入学生よりも大学への進学実績が良いという結果も出ています。

中高一貫校は、高校からの入学が敬遠されがち

生徒から見ると、中高一貫校に高校から入学するというのは、既に出来上がった人間関係の中に入っていくことになります。これは、人間関係にナイーブな年齢の子どもたちにとってはとてもハードルが高いことです。

また、私立の中高一貫校では、中学時点でカリキュラムを先取りしているため、高校1年生の時点で、中学入学生と高校入学生では、進度に差があります。そこで、進学校では、数学などは高校1年の段階では、高校入学生を別のクラスに分けて指導をしています。

生徒も中学入学生に追いつくために勉強しなければならないので、非常にゆとりのない高校生活を送ることになります。追いついたとしても、高校2年、高校3年では、大学受験の態勢になるため、やはり、勉強に追われます。憧れの学校に入ったとしても、その学校の良さを満喫して高校生活を謳歌できるような余裕はないのです。

このようなことから、中高一貫の進学校に高校から入学することは、生徒にとって魅力が少ないため、応募者数が少なく、中学受験に比べて倍率も低いという実情があります。

進学指導に熱心な私立共学校が、新たな併願候補に

以前から高校受験では、ハイレベル校を狙う女子の併願校の選択肢が少ないと言われており、豊島岡女子学園が高校募集を停止することでさらに選択肢が減るとの声もあります。

しかし慶応義塾女子高校やお茶の水女子大付属高校といった最難関校を別にすれば、高校受験では女子校よりも男女共学校のほうが人気があります。高校募集の停止には、そのような受験生側の傾向も影響していると考えられます。

また、高校募集を停止する一貫校がある一方で、これまで偏差値中位だった女子校が共学化し、進学指導に力を入れてきています。

その一例が、ここ数年東京大学や京都大学に合格者を出している朋優学院高等学校です。高校だけの学校なので、募集人数が多いため、高校受験で都立の上位校を受ける女子には、こういった準進学校を併願する生徒も増えてきています。今後、進学実績も伸びていくでしょう。ですから、高校受験を考える家庭にとっても、併願校がなくなるのではと心配する必要はないと思います。

社会情勢の変化により、共学化の人気が高まる

豊島岡女子学園は高校募集を停止しても、中学の募集人数は増やさないと発表しています。実は、中学の段階でも女子校は数が減っています。かつては東京の私立中高一貫校の特徴として、偏差値的にまんべんなく女子校があり、進学校から、のんびりと学校生活を送れるお嬢さん学校まで、いろいろな学校が選べました。

ところが、今、女子中学は比較的偏差値が高い学校が中心になっています。私立の女子中に行きたいと思ったら、上位校を目指すしか道がなくなってきました。

その背景には、中位校より下の女子中学が共学化し、進学やキャリア教育の指導に熱心な学校に方針転換してきていることがあります。都心のお嬢さん学校だった順心女子学園が、英語やＩＣＴ教育に力を入れる広尾学園に転換した例など、多くの女子校が共学の進学校に変わるといった変化は高校でも起きています。

受験生の親世代も、今や「女性が働くことは当たり前」という考えになってきます。自分たちが厳し

い就職戦線を経ている世代なので、卒業後の大学進学やその先のキャリアを視野に入れて学校を選ぶようになっているのでしょう。

また、中学受験においても、共学校は人気があります。祖母や母親が名門女子校の出身で娘もそこに入れたいと思っていても、本人が共学に行きたがるという話はよく聞きます。女子中の変化は、社会情勢に合わせた結果と言えるでしょう。

公立中高一貫校の最新の動向を解説

安田教育研究所代表 安田理先生

学校数が増え、倍率も上がっている公立中高一貫校

現在首都圏には23校の公立中高一貫校があります。内訳は東京が11校、神奈川が5校、千葉が3校、埼玉が4校です。公立中高一貫校は年々増えて、中学受験において大きなシェアを占めるようになっています。もともとは、地方で高校進学段階での外部流出を食い止めるために始まったという公立中高一貫校ですが、全国規模で増え続け、倍率も上がっています。

今や難関私立の合格を蹴って進学するケースもあります。2021年度の都立中高一貫校10校の応募倍率（男女合計）は、両国高等学校付属が7・04ともっとも高く、次いで桜修館中等教育（6・16）、白鷗高等学校付属（5・76）と続きます。都内10校の平均も5・13と高倍率です。また、区立では千代田区

立九段中等学校の区分Ｂ（千代田区外居住者）が５・71と高くなっています。

ただ、２０２１年度の都内の学校の応募者数は男女とも増えたのが桜修館のみで、男子だけの増が大泉高等学校付属、武蔵高等学校付属、両国高等学校付属の３校でした。

神奈川県立平塚中等教育、横浜市立南高等学校付属、横浜市立横浜サイエンスフロンティア高等学校付属の３校は男女とも増加しました。

コロナ禍によるこれからの経済不況予測で、公立中高一貫校の応募者が増えると見られていた２０２１年度入試ですが、実際はこのように減少しました。公立中高一貫校志願者に多い、小学６年生になってから塾に通う層が減ったとみられます。とは言え、いずれも高倍率で依然として狭き門であることに変わりはありません。

2021年度 首都圏公立中高一貫校リスト

都道府県名	学校名
東京	桜修館中等教育
	大泉高等学校付属
	小石川中等教育
	立川国際中等教育
	白鷗高等学校付属
	富士高等学校付属
	三鷹中等教育
	南多摩中等教育
	武蔵高等学校付属
	両国高等学校付属
	千代田区立九段中等教育
神奈川	神奈川県立相模原中等教育
	神奈川県立平塚中等教育
	川崎市立川崎高等学校付属
	横浜市立南高等学校付属
	横浜市立横浜サイエンスフロンティア高等学校付属
千葉	千葉県立千葉
	千葉県立東葛飾
	千葉市立稲毛高等学校付属
埼玉	埼玉県立伊奈学園
	さいたま市立浦和
	さいたま市立大宮国際中等教育
	川口市立高等学校付属

東京都内の公立中高一貫校と2021年度の応募倍率

学校名	募集人員	応募者数		応募倍率
		2021	2020	
桜修館中等教育	男80	413	389	5.2
	女80	572	568	7.2
大泉高等学校付属	男60	336	306	5.6
	女60	377	405	6.3
小石川中等教育	男80	390	434	4.9
	女80	402	448	5.0
立川国際中等教育	男65	270	252	4.2
	女65	330	403	5.1
白鷗高等学校付属	男68	323	382	4.8
	女68	460	514	6.8
富士高等学校付属	男80	239	310	3.0
	女80	280	318	3.5
三鷹中等教育	男80	444	456	5.6
	女80	457	486	5.7
南多摩中等教育	男80	374	400	4.7
	女80	436	463	5.5
武蔵高等学校付属	男80	293	240	3.7
	女80	220	272	2.8
両国高等学校付属	男60	407	398	6.8
	女60	438	453	7.3
千代田区立九段中等教育	男40	190	232	4.8
	女40	267	309	6.7

＊小石川中等教育、立川国際中等教育、白鷗高等学校付属の数字は一般枠のもの。
千代田区立九段中等教育は、区分B（区分Aは千代田区内）のもの。
＊富士高等学校付属、武蔵高等学校付属の募集人数はともに前年は男女各60名。

データ提供／安田教育研究所

神奈川・千葉・埼玉の公立中高一貫校と2021年度の応募倍率

学校名	募集人員	応募者数		応募倍率
		2021	2020	
神奈川県立相模原中等教育	男80	546	550	6.8
	女80	576	595	7.2
神奈川県立平塚中等教育	男60	433	409	7.2
	女60	477	441	8.0
川崎市立川崎高等学校付属	男女120	481	492	4.0
横浜市立南高等学校付属	男80	392	328	4.9
	女80	529	499	6.6
横浜市立 横浜サイエンスフロンティア高等学校付属	男40	293	276	7.3
	女40	245	209	6.1
千葉県立千葉	男40	326	364	8.2
	女40	279	358	7.0
千葉県立東葛飾	男40	438	449	11.0
	女40	388	416	9.7
千葉市立稲毛高等学校付属	男40	299	280	7.5
	女40	308	371	7.7
埼玉県立伊奈学園	男女80	160	148	5.0
		242	262	
さいたま市立浦和	男40	248	289	6.2
	女40	313	329	7.8
さいたま市立大宮国際中等教育	男80	262	302	3.3
	女80	366	400	4.6
川口市立高等学校付属	男女40	287	-	7.3
		294	-	

＊川口市立高等学校付属は2021年4月に開校
＊千葉県立千葉、千葉県立東葛飾、埼玉県立伊奈学園、さいたま市立浦和、さいたま市立大宮国際中等教育、川口市立高等学校付属は一次検査時の数字。
＊募集人員が男女計でも男女同数を基本としている。募集人数が男女計の場合は、応募倍率も男女合わせた数字で出している。
＊千葉市立稲毛高等学校付属は、2022年度より千葉市立稲毛国際に校名変更。

データ提供／安田教育研究所

6年間一貫で編入のない「中等教育学校型」が大学入試に有利

都内の公立中高一貫校には、6年間一貫で編入のない「中等教育学校型」と、高校に付属中学を併設する「併設型」があります。

一般に「中等教育学校型」が大学入試に有利といわれ、小石川中等教育がその代表格にあたります。ほかに、都立の桜修館・立川国際・三鷹・南多摩・千代田区立の九段、神奈川県立の相模原・平塚、さいたま市立大宮国際、千葉市立稲毛国際（高等学校付属から移行）が該当します。

難関大学の学校推薦型・総合型選抜にも、都立小石川が東大、東工大、一橋大に、神奈川県立相模原が東工大、大阪大に、都立立川国際が名古屋大に合格者を出しています。

最大のメリットは学費の安さ。そして高い教育水準

公立中高一貫校の最大のメリットは学費の安さです。公立中高一貫校は経済面の事情を抱える人に

も一貫教育を受けさせようという目的で設立されたという側面もあります。難関校や有名大学付属校を蹴ってでも入学する人がいる理由もここにあると思います。

また公立中高一貫校同士は全国的に交流し、研究し合い、競い合っています。さらに、私立の中高一貫校が先行事例としてあるので、教育内容はどこも優れています。

普通の公立中学ではまず行われない海外研修の機会があったり、大学と連携したり。国がグローバル人材育成のために始めたスーパーグローバルハイスクール（ＳＧＨ）に、横浜市立横浜サイエンスフロンティアや横浜市立南が選ばれていました。

大学合格実績も、開校して間もないさいたま市立大宮国際中等教育、統合して２０２１年に新設開校となった川口市立高等学校付属をのぞく21校のうち、19校で東大合格者が出ています。

都内では、高校募集していた公立中高一貫校が、高校からの募集を順次停止するという動きが相次いでいます。

東京都内の小学生の公立中高一貫校の受検生は、今後さらに増加することが予想されます。応募者数が落ち着いていたここ数年ですが、コロナ下がもたらす経済不況によって受検者は増加されると予想されています。実際に2021年7月に行われた模試は前年を上回る数になっています。

公立中高一貫校の適性検査ではどんな能力求められる?

公立中高一貫校の入試は教科別の試験ではなく、小学校の学習範囲からのみ出題する「適性検査」です。東京都立の公立中高一貫校は10校すべてで、2種類の適性検査を実施しています。与えられた文章をもとに的確でまとまりのある文章を書く力を見る「適性検査Ⅰ(1題)」と、与えられた資料をもとに課題を発見し解決する力を見る「適性検査Ⅱ(3題)」です。

適性検査ⅠとⅡは10校が共同して作成しますが、全4問のうち2問までは、学校ごとの独自問題に差し替えることができます。

さらに、東京都のように学校の数が多い場合は、各校で欲しい生徒像に違いが出ることは当然で、それに適した受検者を見極めるために独自に作成した「適性検査Ⅲ」を実施することが認められています。適性検査Ⅲを実施する場合は、ⅠまたはⅡにおける独自問題への差し替えは1問以内に限られます。

では、実際に都立10校での独自問題の実施状況はどうなっているのでしょうか。2021年度に10校で実施された独自問題は次のページの通りです。

2021年度に10校で実施された独自問題の実施状況

桜修館中等教育（目黒区）

適性検査Ⅰは独自問題
適性検査Ⅱは[1]のみ独自問題
[2][3]は共通問題

大泉高等学校付属（練馬区）

適性検査Ⅰ、Ⅱとも共通問題
適性検査Ⅲを実施

小石川中等教育（文京区）

適性検査Ⅰは共通問題
適性検査Ⅱは[2]のみ独自問題
適性検査Ⅲを実施

立川国際中等教育（立川市）

適性検査Ⅰは独自問題
適性検査Ⅱは共通問題

白鷗高等学校付属（台東区）
適性検査Ⅰは独自問題
適性検査Ⅱは共通問題
適性検査Ⅲを実施

富士高等学校付属（中野区）
適性検査Ⅰ、Ⅱとも共通問題
適性検査Ⅲを実施

三鷹中等教育（三鷹市）
適性検査Ⅰは独自問題
適性検査Ⅱは[1]のみ独自問題

南多摩中等教育（八王子市）
適性検査Ⅰは独自問題
適性検査Ⅱは共通問題

武蔵高等学校付属（武蔵野市）
適性検査Ⅰは共通問題
適性検査Ⅱは[2]のみ独自問題
適性検査Ⅲを実施

両国高等学校付属（墨田区）
適性検査Ⅰ、Ⅱとも共通問題
適性検査Ⅲを実施

大泉、白鷗、富士、武蔵、両国、小石川は適性検査Ⅲを実施。また、中等教育学校は検査ⅠやⅡで独自問題に差し替えています。首都圏のほか3県の公立中高一貫校で特徴的なのは、神奈川県立相模原中等教育や平塚中等教育。適性検査Ⅰ、Ⅱのほかにグループ活動を取り入れています（コロナ禍で2021年度、2022年度は取りやめ）。また、さいたま市立大宮国際中等教育が第二次選抜で集団行動を取り入れ、埼玉県立伊奈学園は適性検査ではなく作文Ⅰ・Ⅱを実施しています。

私立中学の入試問題との大きな違いは、小学校で習わない知識や特別な解法技術などは求められていない点です。基本的な学力は必要ですが、私立中学の入試問題に頻出の、算数の特殊算といった難問を解くことが求められる問題ではありません。算数・国語などを組み合わせた教科横断型問題や、深い思考力を求める問題が多く見られます。グラフや資料などが出されており、それらを見ながらその場で考え、推理し、判断する力を持つ生徒が求められています。

小手先のテクニックではなく、思考力、表現力などの総合力をもった小学生が求められているといえるでしょう。

小石川は入学者の8割以上が私立と併願

公立中高一貫校ができた2000年代当初は、ダメ元で受検をして不合格だった場合は地元の公立中学に進学を考える保護者や子どもが多くいましたが、ここ最近は私立中学と併願する人が増えています。

受検準備のために、子どもは何年も塾に通っています。そのため保護者も子どもも、そんな通塾期間を無駄にしたくないと考えて私立を併願するのです。小石川などでは入学者の8割以上は私立を受けていますし、合格者の中には私立御三家との両方の合格者もいます。逆に、私立を本命にしながら公立中高一貫校を受ける受検生もいます。

しかし、私立中学の入試問題は教科ごとに知識量を見る問題が多いため、各教科を融合した公立中高一貫校の適性検査対策に主軸を置いた勉強を続けてきた小学生では得点を伸ばすことが難しいといえるでしょう。そこで、公立中高一貫校を第1志望に勉強をしている受検生には、「適性検査型入試」を導入する私立を併願校として選択するのがいいでしょう。

都内ではどのような学校が適性検査型入試を実施しているか、男子校、女子校、共学校別にご紹介します。

都内の適性検査型入試実施校

【男子校】

足立学園、京華、佼成学園、日本学園、明法

【女子校】

川村、神田女学園、共立女子第二、京華女子、麴町学園女子、佼成学園女子、駒沢学園女子、淑徳SC、昭和女子大学付属昭和、白梅学園清修、聖ドミニコ学園、星美学園（2022年4月に共学校に。名称をサレジアン国際学園に変更）、玉川聖学院、東京家政学院、東京家政大学付属女子、東京純心女子、東京女子学院、東京女子学園、トキワ松学園、中村、日本大学豊山女子、日本体育大学桜華、富士見丘、藤村女子、和洋九段女子

【共学校】
郁文館、上野学園、共栄学園、開智日本橋学園、啓明学園、国士舘、駒込、品川翔英、聖徳学園、城西大学付属城西、成立学園、多摩大学付属聖ヶ丘、実践学園、桜丘、帝京、帝京八王子、貞静学園、東海大学菅生、東京立正、東星学園、日本工業大学駒場、八王子学園八王子、文化学園大学杉並、文教大学付属、宝仙理数インター、武蔵野、武蔵野大学、武蔵野東、明星、目黒学院、目黒日本大学、目白研心、安田学園、立正大学付属立正

家庭でもできる、適性検査への対策

先述のとおり、公立中高一貫校の適性検査は教科を融合して、文章力や思考力・課題解決力を見るという独特の問題形式になっています。これまで親世代が経験してきた「知識・理解型教育」では、思考力や記述力を問われる問題には対応できません。そうした力をつけるには、「日常から視野を広げて自分で考えて動くくせをつけること」が最も大切です。では親はどうすればいいのか。一例として、「子どもを一人で外出させる」という状況において考えてみましょう。

Q 小学生の子どもを一人で外出させるとき、どうしますか？

A
① そもそも一人では外出させない
② SuicaやPASMOなどの交通系ICカードを渡す
③ 現金を渡す

この場合は、③の「現金を渡す」ことをおすすめします。なぜなら現金の場合、そのままでは改札を通ることはできないので、切符を買わなければなりませんよね。切符を買う場合には、売り場で路線図を見るので鉄道の全体像が分かります。こうして視野を広げることで、自分で考えて動くようになる。それが、思考力や課題解決力につながります。

適性検査はさらに、独自問題への差し替えや適性検査Ⅲのように、その学校の教育内容に沿った問題を出題する学校が多いため、志望校に合わせた対策が必要になります。

過去の適性検査の問題は各学校のホームページで紹介しているので参考にしてください。子どもの個性や伸ばしたい方向性と照らし合わせて志望校選びをすることも大切でしょう。

Part 2

山あり谷あり！で
合格を勝ち取った
11家庭の事例に見る

中学受験のリアル

中学受験を終えた11家庭のヒストリーを、志望校や実際の受験校、塾名は実名、かかった費用もリアルな数字でご紹介します。西村則康先生が、各家庭の成功のポイントを分析します。

＊掲載の名前はすべて仮名。語り手は各家庭の母。
年齢、学年はDUAL掲載当時のものです。

「ゲームを預かって」小6の秋、息子が本気になった

5年生から中学受験の通塾スタート。集団塾と個別塾の使い分けが成功のカギ！

Profile & Data

関口涼馬くん（2020年4月より公文国際学園中等部《以下・公文国際》へ進学）

家族 父（45歳・アパレル）
母（42歳・金融）

通塾 小4の2月から日能研、小5の5月からユリウス（日能研の個別指導塾）にも

受験校 1/10 AM 大宮開成＝× 1/10 PM 埼玉栄＝◎ 1/13 佐久長聖＝◎ 2/1 AM 公文国際A入試(2科)＝× 2/1 PM 自修館＝◎ 2/2 AM 鎌倉学園＝× 2/2 PM 山手学院＝× 2/3 公文国際B入試(4科)＝◎ 2/4 日大藤沢＝◎ 2/5 逗子開成＝×

受験総費用 塾代265万円、受験費用24万円

習い事 水泳（幼稚園～小2）、サッカー（小2～小5）、バスケット（小3～小4）、アクロバット（小4～小5）、アスリートトレーニング（小4～小5）、習字（小1～小6夏）

受験以前の学習 進研ゼミ小学講座チャレンジタッチ（小1～小4）、スクールIE（小4）

「受験をするのがカッコイイ」と4年生で受験を意識

4年生になって、息子が「中学受験をしたい」と言い出しました。息子が通っていた小学校は、クラスの半分近くが中学受験塾に通っていて、息子は受験をすることがカッコイイと思っていたようです。ただ、そのときは習い事もたくさんしていたし、本格的に中学受験をするまでの覚悟は親も子もできていませんでした。そこで個別指導塾（スクールＩＥ）に1年間通わせて

みましたが、5年生になる前に「やっぱり受験をしたい」と心が決まり、それならばちゃんと中学受験専門の塾に通わせたほうがいいだろうと思い、4年生の2月から日能研に通うことになりました。

2クラスあるうちの下のクラスからのスタートでした。もともと算数は得意なほうだったのでなんとかついていけましたが、国語が全然ダメで……。受験勉強のやり方も分からなかったので、5月から同じフロアにあった日能研系列の個別指導塾にも通わせることにしました。そこには自習室があって、「先に軽く自習をしてから授業に臨むといいよ」とアドバイスをもらい、以後そのスタイルを続けていました。また、早いうちに志望校を決めたので、その学校に合格するための戦略を考えてくれました。集団塾は仲間と切磋琢磨し合える良さがあり、個別指導塾では息子に合わせた勉強ができる良さがありました。どちらの塾もとても頼りになる存在でした。

第1志望校は自由な校風の「公文国際」と家族で一致

受験をするかどうか迷っていた頃、何かの雑誌で公文国際が紹介されていて、校則も制服もない自由な校風がいいなと、初めは私が気に入りました。その後、日能研が主催している「Nフレンズ」というイベントで、その学校に通っている日能研の卒業生が学校の魅力を伝えてくれる機会がありました。

それから学校行事にも参加し、「やっぱり公文国際がいいよね！」ということに。こうして家族3人がほれ込み、「第1志望校は公文国際」と5年生の早い段階で決まりました。

ゲームを続ける息子にイライラしたことも

塾にはまじめに通っていましたが、宿題は私が言わないとなかなか始めず、親子バトルはしょっちゅうありました。息子はゲーム好きで、気分転換に1時間くらいはいいだろうと思っていましたが、気がつくとだらだら2時間もやっていることも……。「中学受験をしたいって言い出したのは誰だっけ?」とプレッシャーをかけると、「オレ、地元の公立中学には行かないもん」と平気な顔で答える。「だったら、勉強しなさいよ!」と、私のほうがイライラしていましたね。でも、後から振り返ってみると、5年生なんてこんなもんなんだろうなと。遊びの誘惑に負けず、ちゃんと塾に行っていただけでもえらいのに、そのときは私も必死でそうは思えなかったんですよね。

6年生になってもゲームはしていましたが、たくさん演習をするうちに、結果につながるようになってきました。日能研では夏休みに塾内の模試があるのですが、そこでかなりいい成績が出たのです。日能研は成績順に前から席が決まるのですが、そのときは最前列になり、本人も大喜びでした。

絶好調から転落。「ゲームはしない」と宣言した6年の秋

ところが、9月に行われた公開模試でいきなりガクッと成績が落ちてしまって。夏休みにあれだけ頑張ったのに、結果につながらなかったことがショックで、その日は自分の部屋にこもって一人で泣いていました。その後、お気に入りのゲーム機を持ってきて、「お母さん、僕は受験が終わるまでゲームはしない。でも、やりたくなっちゃうときもあるかもしれないから、お母さんが預かっていて」と。

そのときは、夫も私も驚きました。6年生の秋、息子が〝本気〟になった瞬間でした。

プレッシャーに押しつぶされながらも塾の先生の励ましが力に

受験校は塾と相談しながら決めました。1月の埼玉受験はあくまでも〝肩慣らし〟のつもりでしたが、しょっぱなの大宮開成は受験生の多さに圧倒されてしまい、力を出し切れませんでした。2月1日午前の本命は、国語と算数の2科入試で挑戦しました。息子は本命というプレッシャーからか、国

語が全くできず、その時点でもうダメだと思ったようです。そのときはかなり落ち込んでいましたが、午後に別の学校の入試を控えていたので、何かアドバイスをもらおうと塾に立ち寄りました。

先生から「終わってしまったことはしょうがない。気持ちを切り替えよう!」と励ましていただき、気持ちを切り替えて試験会場に向かいました。午後の入試は合格できたものの、翌日の2校は不合格。本命ではないにしろ、ショックは隠せません。私は生きた心地がしませんでした。ところが、息子は入試の場数を踏むにつれ、落ち着きを見せるようになってきました。

2回目の本命は4科入試でした。合格発表は翌日だったので、翌日は別の学校を受験しました。先に結果を知った私が、入試の後に合格を告げると、息子はほっとした表情を見せながら、喜んでいました。わが家の受験はようやく終わり、私の肩の荷が下りました。

入試直前に夫が体力作りをサポート

1月の埼玉受験から始まって、本命の合格を手にするまでは、本当に長かったですね。今は一日に午前、午後と2回受験をするのが主流になっているようですが、小学生の子どもには負担が大きいと思いました。

中学受験には賛成だったものの、これといったサポートはしてこなかった夫が「受験には体力が必要だ!」と、いきなり入試の2~3週間前から毎朝5時半に起きて、息子とランニングを始めたのです。初めは「えっ、今やること?」と思いましたが、息子も頑張ってついていっていたので、夫に任せることにしました。そのかいがあってか、ハードな入試期間中も体力的にへこたれることはなかったですね。夫は入試本番にも付き添ってくれました。

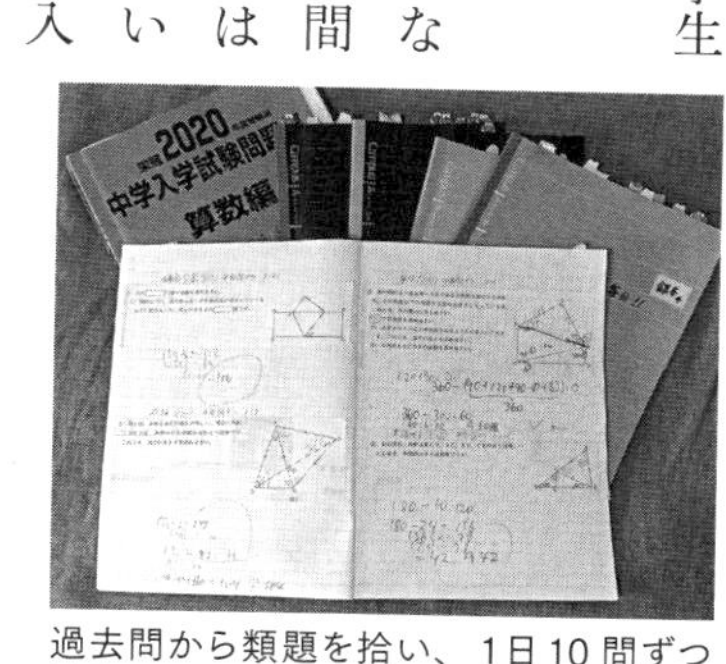

過去問から類題を拾い、1日10問ずつ演習。あらかじめコピーしてノートに貼り、すぐに取り掛かれるようにした。

憧れの学校に進学することになり、喜んだのもつかの間、新型コロナウイルスの影響で、4月から学校に行くことができず、オンライン授業や課題を家でする日々が続きました。受験後の解放感もあり、以前に増してゲームの時間は増えましたが、出された課題はきちんとやり、オンとオフの時間をうまく使い分けているように感じます。何度も親子バトルはありましたが、中学受験の勉強を通じて身についた学習習慣は、一生ものだと思いました。

中学受験後、受験生本人に聞きました！

Case 01
関口涼馬くん

受験を終えての感想

志望校に通えてうれしい！
やっとゲームができる！

中学受験で一番つらかったこと

- たくさん勉強しなければいけなかったこと。
- 友達と遊べないこと。
- 休日（土日など）も塾があるのが嫌だった。

親から言われてうれしかった言葉／嫌だった言葉

うれしかった言葉… 合格おめでとう！ ／ **嫌だった言葉…** 勉強しなさい！

通った塾について思うこと

日能研は厳しくなく、ゆとりがあって先生が優しかった。テキストの解説も詳しく、簡単な問題から難しい問題まで載っているので、自分のレベルに合った問題をやれて、着実に成長したと思う。

西村先生がずばり解説！ 関口家の中学受験、ここがポイント

1. 子どもに合った塾を選び、塾と信頼関係を築けた
2. 成績が下がった小6の秋に気持ちを切り替えられた
3. 「やればできる」という自己肯定感を育めた

西村先生の解説▼ 新5年生（4年生の2月）から受験勉強を始め、見事、第1志望校に合格。受験ケースとしては、成功例といえるでしょう。

成功の要因は、塾を上手に使ったこと。まず、4年生2月のスタートは、受験勉強を始めるタイミングとしてはギリギリですが、他の大手塾と比べて進度がゆるやかな日能研を選んだことで、無理なく受験勉強をスタートすることができました。

これは、入塾前に通信講座を受けたり個別指導塾に通ったりし、基礎学力が身に付いていたこ

とも大きかったと思います。学習フォローとして日能研の系列塾のユリウスも利用し、そこで気兼ねなく質問ができたこと、早いうちから志望校が決まっていたので、受験対策がしやすかったというのもよかったですね。

2月1日の本命の受験がうまくいかなかったときに、午後入試の前に塾の先生にアドバイスをもらいにいったというのも、親子で塾を信頼していたから。塾との関係がとても良好だったことが分かります。

6年生の秋に成績が下がったことで、本気モードになったようですが、ここで気持ちを切り替えられたことが功を奏したといえるでしょう。スポーツをやっている子に多いのですが、試合で勝ち負けの経験を積んでいくうちに、「今日は何で負けてしまったのだろう?」と振り返り、負けた原因を見つけ、次は同じミスをしないように「よし、次は頑張ろう!」と、気持ちを立て直せるようになるのです。涼馬くんもサッカーやバスケットなどいろいろなスポーツをしてきているので、それが影響しているのではないかと思います。

また、宿題をなかなか始めなかったり、ゲームに夢中になったりして、お母さんに「中学受験をしたいと言ったのは誰だっけ?」とプレッシャーをかけられても、「オレ、地元の公立中学には行かないもん」と平気な顔で答えているところをみると、自己肯定感が高い子だと感じます。

「自分はやればできる子」と思えるかどうかは、受験をはじめ、何かに挑戦するときにとても大切です。また、お母さんはイライラしつつも、飲み込んでいるところがあり、お子さんの力を信じて見守っています。ここでお母さんが「そんなんじゃ合格できないわよ!」とネガティブな発言をしなかったのがよかったですね。良好な親子関係を築きながら、涼馬くんが成長している様子が伝わってきます。

泣いた後に、ぴったりの学校にたどり着いた

子どもの主体性を大事にして、母は学習表作りなどサポートに徹した

Profile & Data

大島美紀さん（2020年4月より筑波大附属中学校へ進学）

家族 父（47歳・メーカー）
母（45歳・サービス）

通塾 小4の4月からサピックス

受験校 1/14＝浦和明の星女子◎　2/1 AM＝桜蔭学園×　2/1 PM＝広尾学園◎　2/2＝豊島岡女子学園◎　2/3＝筑波大附属◎

受験総費用 270万円

習い事 水泳（5歳～小5）、ピアノ（小1～小6）、そろばん（小2～小3）

4年生で反抗期「お母さんには指示されたくない」

小学生になって勉強で先生から褒められることが増え、本人も勉強が得意だと分かったので、その力を伸ばしてあげたいという気持ちから「中学受験をしようか」という話になりました。塾に通い始めたのは4年生の4月からです。

選択肢がたくさんあったので、大手進学塾ではサピックス、早稲田アカデミー、日能研の3塾と地元で実績がある中小塾も体験しました。自分のペースで進めたい娘の性格からすると、面倒見がよすぎる塾よりもある程度突き放してくれる

サピックスが合っているのではと思い、本人も気に入ったことから通塾を決めました。1学年20クラス以上の大規模校舎で、入塾時にα4に入ることができ、まずまずのスタートとなりました。

ところが、その頃から反抗期が始まったのです。中学受験は親のサポートが必要だと言われていますので、私も「自分が頑張らなければ！」と力が入っていたのだと思います。しかし娘は私が主導して勉強を進めることを嫌がりました。学習スケジュールの項目を決めるときも「自分で決めたい」と。「お母さんはそれを表にするだけでいい」と逆に指示されていました。

順調に成績は伸びるも 第1志望校がなかなか決まらず

塾は面白い授業が多かったようで順調に成績を伸ばし、6年になるとα上位クラスが定位置になっていました。塾に通い始めた当初は共学志望だったのですが、通っていた校舎では女子のトップ層にいると桜蔭か女子学院の二択になる雰囲気がありました。

娘のオーダーどおりに学習表を作るのが母の仕事。項目の内容や学習の進捗管理は本人に任せた。

そこで初めて志望校別に分かれる6年のGS（ゴールデンウィーク・サピックス）特訓では、学園祭が楽しかったことから女子学院コースにしました。しかし、コースが終了してみると娘に迷いが生じているのが分かり、サピックスの先生に相談したところ、「実際の学校の雰囲気と塾のコースの雰囲気はかなり近い」とアドバイスをいただきました。娘は桜蔭コースの雰囲気のほうが自分に合っていると思い、夏休みの志望校特訓からは桜蔭コースに変更しました。

当初共学志望だった娘は、4年生のときに行った筑波大附属の文化祭での明るい雰囲気に引かれ「筑附もいいな」と思っていたようですが、志望校特訓には国立コースがなかったので、桜蔭を第1志望にすることにしました。

娘は算数は得意でしたが、当初国語は苦手でした。でも、志望校特訓でたくさんの記述問題にふれていくうちに国語が得意科目になっていました。特訓のおかげで語彙力と記述力がつき、6年生の秋の模試では国語の成績がぐんと上がって、塾の先生にも太鼓判を押されていたのです。ちなみにここで得た記述力は、中学生になった今でも役に立っているそうです。

泣いて喜んで驚いた、長い長い一日

2月2日は、1日の午前に受けた桜蔭と午後に受けた広尾学園、そして当日の午前に受けた豊島岡女子の3校の合格発表がありました。スマホで広尾学園の合格を確認し、その15分後に掲示板で桜蔭の合格発表です。そこには残念ながら娘の番号はありませんでした。私は、泣いている娘の手を握ることしかできませんでした。

その晩、豊島岡女子の発表がありましたが、私は怖くて確認できませんでした。そんな親を尻目に娘がスマホで合格を確認し「あった」と聞いたときは飛び上がるほどうれしかったです。ところが娘は「私は広尾学園のほうがいい」と言い出したのです。どちらかといえば桜蔭に近い校風の豊島岡女子を選ぶと思っていたので驚きました。そのとき、この子はやっぱり共学に行きたかったんだなと分かりました。そして広尾学園より筑波大附属に一層引かれているという気持ちがはっきりしたので「それなら、明日の筑附を頑張ろうね」と話し合って、長い長い一日が終わりました。

3日の筑附では、試験を終えて出てきた娘がとても明るい表情だったことが印象的でした。再び掲示板での合格発表でしたが、今度は晴れて娘の受験番号を見つけることができ、進学を決めました。

第1志望校ではなかったけれど、この学校を選んでよかった

入学後はとにかく毎日楽しそうです。筑波大附属中は生徒の自治が重んじられていて、学校行事などすべてを生徒が主体となって決めていきます。小学校時代の娘は目立つのを嫌がり、学級委員などはやりたがらなかったのですが、中学に入ってからはまわりの友達がみな積極的で、その影響を受けたのか、自分も人のために何かを頑張りたいと思うようになったようです。また、みんな勉強に対しても意欲的です。友達からいい刺激を受けている娘を見て、校風は大事だなと改めて思いました。

第1志望校が不合格だったのはつらかったけれど、今は本当にこの学校でよかったと思っています。強い思いもなく始めた中学受験でしたが、受験勉強を通じて自制心が身に付いたこと、自分のことは自分で決める経験ができたことなど、娘が中学受験で得たものは大きかったと思います。そして親の私も振り返ってみれば、説明会や文化祭を通じてさまざまな学校の思いにふれたことは心躍る経験でしたし、少しは私も精神的に鍛えられたかもしれません。

中学受験後、受験生本人に聞きました！

Case 02

大島美紀さん

受験を終えての感想

大変なこともあったけれど、受験をして良かったと感じています。受験によって私は大きく成長できたと思います。いま考えると、あのときの私は未熟だったとは思いますが、頑張ったなと感じています。

中学受験で一番つらかったこと

友達や先生、家族がいたため、そこまでではないですが、毎日勉強するのは大変でした。点数はサピックスの場合はあまり一喜一憂しなくていいと思います。

親から言われてうれしかった言葉／嫌だった言葉

私は親の言葉にはあまり影響を受けていない気がしますが、ちょっとしたひと言でも積もっていくし、何が影響を与えるかは意外と分からないと思います。相談できる雰囲気があればいいのではないかと思います。

通った塾について思うこと

サピックスは楽しかったです。他の塾と比べて大変ということもないと思っています。塾というよりも周りの環境が大事だと思います。

西村先生がずばり解説！ 大島家の中学受験、ここがポイント

1. 干渉しすぎずに子どもの自立心を尊重した
2. 志望校で「何か違うな」という違和感を大切にした
3. 挫折は経験したけれど、それはきっとこれからの糧になる

西村先生の解説▼ 中学受験は子どもがまだ幼いため、親のサポートが必要といわれています。しかし、こちらのご家庭は、お子さんが自立していて、自分をしっかり持っています。お母さんはそんなお子さんの性格を認め、自立心を尊重し、見守る姿勢に徹することにしました。これは、親の強い意思がなければなかなかできないことです。美紀さんがよい受験を経験できたのは、本人の努力によるものであるのはもちろんのこと、親が子どもの受験に

入り込みすぎなかったことも大きかったと思います。

サピックスのトップクラスにいると、女子なら桜蔭か女子学院の二択になる雰囲気があります。しかし、GS特訓で女子学院コースを受けた後に、「何か違うな」と美紀さんは違和感を覚えます。実はこうした違和感に気づくことは、とても大事なのです。その後、桜蔭を第1志望にすることにしますが、一方で筑波大附属中にも引かれていたようですね。

結果、桜蔭が不合格になったことで、ひそかに行きたいと思っていた筑波大附属中に進学することになります。入学後の美紀さんの様子を見ていると、校風がとても合っているようですね。美紀さんが女子学院や豊島岡女子に違和感を抱いたのは、個々の個性はあるものの、なんだかんだ言っても学力重視なところが平面的に見えたのかもしれませんね。

同じようなタイプの子がそろう学校で、自分を出すことができないかもしれないと感じたのかもしれません。対して、筑波大附属中は生徒一人ひとりの個性をとても大切にする学校です。自分で何でも決めたい美紀さんには、生徒の自治が重んじられる筑波大附属中の校風がマッチしていたのでしょう。しかし、こうしたことは受験の渦中にいると、なかなか気づけないものです。特に上位クラスにいると、女子なら桜蔭、女子学院を狙うのが当然という固定観念に縛られてしまうからです。

いずれにしろ、美紀さんは自分にとっての第1志望校に進学することができたので、ハッピーエンドといえるでしょう。恐らく合格できるだろうと思っていた桜蔭が不合格になってしまったことは、ショックだったと思います。でも、長い人生、挫折を経験することも大事です。美紀さんの悔し涙は、この先の人生に生かされると思います。

泣いた後に、ぴったりの学校にたどり着いた

西村先生がずばり解説！

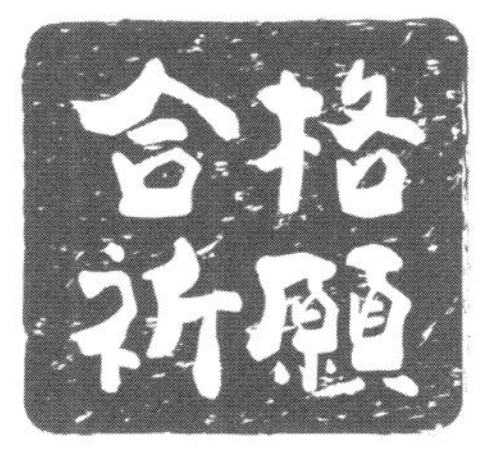

画像／PIXTA

直前まで水泳と受験勉強を両立 チャレンジ校に合格

模試での合格可能性は30%だったが、過去問との相性の良さを信じて挑戦した

Profile & Data

小宮茜さん	(2020年4月より渋谷教育学園幕張中学校へ進学)
家族	父(43歳・メーカー)母(41歳・自営業)次女(小4)長男(年長)
通塾	新小4(3年生の2月)からサピックス
受験校	1/17 江戸川学園取手＝◎ 1/22 渋谷教育学園幕張＝◎ 2/1 AM 広尾学園(本科)＝◎ 2/1 PM 広尾学園(SG)＝◎
受験総費用	約300万円
習い事	習字(小1 〜小5)、そろばん(小1〜小3)、ピアノ(3歳〜小2)、水泳(3歳〜現在)
受験以前の学習	栄光ゼミナール(小3夏〜 1月)

「受験したい！」と言う娘に、塾代を見せて〝本気〟を確認

3年生になって娘は学童へ行くのを嫌がるようになりました。しかし共働きで預け先が必要なので夏期講習のタイミングで栄光ゼミナールに入れてみたところ、もともと勉強が好きなほうだったので、塾の勉強に楽しく取り組むようになりました。

すると「茜ちゃんは受験に向いている」と塾の先生に言われたようで、冬休み前に自分から「受験をしたい！」と言い出しました。

背中を押してくれた栄光ゼミナールには申し訳ないのですが、いざ受験をするとなると、より中学受験に強い大手進学塾のほうがいいのではないかと思い、転塾を考えました。

まず四谷大塚と早稲田アカデミーの体験授業を受けてみたのですが、どうもしっくりこないようでした。そこでサピックスの入塾テストを受けてみたところ、自分が解けない問題を隣に座った子がカリカリと解いていたのが猛烈に悔しかったようで、「私は絶対にサピに行く!」と言い出したのです。

娘は幼児期から水泳を始め、本格的に取り組んでいました。受験をするとしても水泳は絶対に続けると言うので、これは大変なことになりそうだな、と思いました。

自分から言い出したからには覚悟を持ってやってほしいと思い、3年生だった娘にサピックスの塾代を見せることにしました。そして「こんなにお金がかかるんだよ。うちは子どもが3人いるからこの金額は大きいよ。でも頑張るならお父さんもお母さんも応援するからね!」と本人に伝えました。そのくらい覚悟を持って始めたほうがいいと思ったんです。

とはいえ「やめたくなったら、いつでもやめていいよ」というスタンスでした。何しろ私も夫も勉強が得意ではなかったので積極的に受験をすすめることはありませんでした。

右腕骨折を機に「転校」　スランプを脱出し自分のペースをつかんだ

娘はとにかく負けず嫌いで、成績の順位も友達に負けたくないという気持ちが大きかったですね。塾のクラスの上がり下がりを友達に知られたくないから、小学校の友達がいない校舎に行きたいと言い、家から少し離れた校舎に通うことにしました。4年生だけで30クラス近くもある大規模校舎で、αクラスがα1からα6まである中のα2という好スタートを切ることができました。

ところが、毎日一生懸命勉強しているのに、テストのたびにジリジリとクラスが落ちていきました。頑張っても成果が出ない焦りもあり、解けない問題があっても「絶対に解く！」と夜遅くまで勉強をしていました。「早く寝なさい！　夜遅くまで勉強するなら、塾をやめさせるわよ」というのが、当時の私の叱り文句だったくらい、娘は必死になって勉強をしていました。

そんな時、転倒して右腕を骨折してしまったのです。右手が使えず、左手を使って勉強していましたが、成績は落ちる一方。とうとう真ん中くらいのクラスまで下がってしまいました。

でも、そこで気持ちが吹っ切れたのだと思います。「やっぱり家の近くの校舎に行きたい」と言い出し、5年生の2月のタイミングで「転校」しました。移った校舎は1学年8クラス程度の小規模校舎で、真ん中のクラスからのスタートでした。でも、クラスの数が少ないので、テストの結果によってクラスが大きく変わることがなく、娘は落ち着いて勉強ができるようになりました。気持ちが落ち着くと、成績も安定し、徐々にクラスが上がっていきました。

合格可能性30％でも受験を決意

5年生になって志望校を決めるために学園祭などに行き、娘も私も広尾学園が気に入りました。成績のレベルから見ても、水泳と両立しながら無理なく受験ができると思い、第1志望にしました。渋幕も気に入っていたのですが、雲の上という感じでした。実際、6年生の最後まで、合否判定模試の合格可能性は30％でした。渋幕オープン模試では合格可能性20％で、まず受からないなと思っていました。しかし模試では結果が出なくても過去問との相性は良かったんです。最初に過去問を解いたときは合格最低点に10点ほど足りなかったのですが、2回目以降はすべて合格最低点を10点以上クリアしていました。

受験直前になっても水泳は続けた

模試はいろいろなタイプの問題があるけれど、過去問はその学校の入試傾向がつかめるので、過去問で点が取れるのならチャレンジしてみてもいいのではないかと思いました。実は1月に東邦大東邦を受けることを考えていたのですが、こちらは模試では合格可能性が60〜80%なのに、過去問は合格最低ラインがクリアできなくて、やっぱり相性はあるのだなと思いました。

最初の入試となった江戸川取手は手応えがあったようで、その日は入試が終わってから水泳の練習に出ていました。実は受験直前になっても水泳は続けていて、水泳の大会がある日はSS（サンデーサピックス）を休みました。入塾する際に、「うちは水泳と両立しながら受験をする」と伝えていたので、塾の先生はややあきれながらも「あ、大会なんですね（笑）」と認めてくれました。結局、水泳を休んだのは、入試期間中の1月31日だけです。

入塾時に購入したリュック。通塾時は肩ひもが破けそうになるほどテキストを詰め込んでいた。３年間娘に寄り添ってくれた大切なリュックなので捨てられない。

「水泳に比べて緊張しない」というわが子のたくましさに感心

娘にとって渋幕はある意味、記念受験に近いチャレンジ校でした。試験と試験の間に15分くらい休憩があるのですが、そのときに食べるお菓子を何にしようか真剣に選んでいましたね。まるで遠足にでも行くような感じでした。試験会場の近くに歩道橋があるのですが、そこを上って渡る時に、前にも後ろにもたくさんの受験生がいて「大会みたい」と興奮していました。サピックスの先生を見つけると、テンションはさらにアップしていました。全く緊張することがなかったようです。それよりも入試の熱気にワクワクしたようで、「あ～、楽しかった！」と言っていました。

後で娘に話を聞くと、「水泳は一生懸命練習をしてきても、わずか数秒で結果が出てしまう。でも、入試は時間があるので、やり直しが利く。だから、緊張しないの」と言っていました。わが子ながら、たくましいなと感心しました。

合格発表の日は仕事があったので、娘にｉＰａｄの操作法を教えて「10時の発表の時間になったら見てごらん」と言って、私は仕事に出かけました。すると、9時半に娘から電話があり、「操作を確認しようとしたら、なんかもう発表されていて、番号があったの！」と言うではありませんか。まさかと思っていたので、「まだ浮かれちゃダメだよ。10時になったらもう1回確認してみて」と、娘の合格が信じられない自分がいましたが、ちゃんと合格していました。塾の先生もびっくりで、「本当に渋幕?」と聞かれたそうです。

またその後に控えていた広尾学園も受けました。渋幕が受かったのなら広尾学園は受けないだろうと私は思っていたのですが、娘はやはり広尾学園も気に入っていて、そこを第1志望にして頑張ってきたので、最後までやり遂げたいという気持ちがあったようです。入試前日に唯一水泳を休んだくらいですから、本気で向き合ったのだと思います。広尾学園も合格することができました。

あえて厳しい環境を選ぶ。アスリート精神を持つ娘

渋幕か広尾学園かどちらに行くべきか迷い、塾に相談に行きました。一番お世話になった先生は、「渋幕に受かったのはすごいけれど、入ってからが大変かもしれない。余裕を持って広尾学園に行ったほうがいいのでは」とアドバイスをくれたのに対し、校舎長は「確かに大変かもしれないけど、僕が渋幕に受かっていたら、渋幕を選ぶな」と言われたそうです。

本人なりにいろいろ考えた結果、「私は多分ギリギリで合格したと思う。だから、入ってから大変

になるのは想像がつく。でも、自分よりも頭のいい子たちが集まる学校で、チャレンジしてみたい」。その言葉を聞いたとき、この子は本当にアスリートだなと思いました。

晴れて憧れていた学校に進学が決まったものの、あいにく新型コロナウイルスの影響で学校に行けず、友達もできないままオンライン授業になりました。オンライン授業では、まわりの反応が分かりづらく、生徒の質問する内容が高度で、自分だけが授業についていけてないのではと思ったようで、焦っているように感じました。夜遅くまで、動画を何度も見ては止めて聞き直していました。その姿が追い詰められているように見えて、受験のときより心配でした。

しかし対面での授業が始まってからは、その不安はすぐに解消されました。学校で友達もでき、娘に笑顔が戻りました。確かに自分よりもできる子たちばかりかもしれません。でも、「小学校の頃は、自分は頼られる存在だったけど、今はみんなに教えてもらっているんだ」と明るく話す様子から、新たなキャラを楽しんでいるように見えます。6月に学校が始まり、ようやく新しい生活のスタートが切れました。

中学受験後、受験生本人に聞きました！

Case 03
小宮 茜さん

受験を終えての感想

勉強が嫌になったことは多かったけど、やめなかったことで今の学校生活がとても楽しいのでよかったと思う。

中学受験で一番つらかったこと

宿題が毎回終わらせられなかったことと、毎回の授業点（授業内で行われる小テストなど）でクラスや席が変わってしまうのに、自分はあまり授業点が取れるわけではないのでそれがつらかった。

親から言われてうれしかった言葉／嫌だった言葉

成績が落ちたときも怒られなかったし、上がっても大げさに褒められるわけでもなかったのがプレッシャーがかからずうれしかった。嫌だったことはとくにない。もうちょっと勉強をしたかったのに早く寝てって言われてたことなどかな。

通った塾について思うこと

先生が遅くまで質問に付き合ってくれたのがうれしかった。毎回の授業点で席やクラスが変わるのは大変だったしけれど、偏差値や順位が張り出されて皆に知られるようなタイプの塾じゃなかったのはとてもよかった。

西村先生がずばり解説！ 小宮家の中学受験、ここがポイント

1. 頑張りすぎてしまう子どもを親がブレーキ役となって調整した
2. 骨折を機に校舎を移ったことがプラスとなった
3. 模試の結果であきらめず過去問で相性のよい学校を選んだ

西村先生の解説▼ 水泳を本格的に取り組みながら、難関中学の渋谷幕張中に合格。中学受験では負けず嫌いの子のほうが伸びやすいのですが、茜さんはまさにそんなタイプの子ですね。解けない問題があると解けるまで頑張ってしまう。「早く寝なさい！夜遅くまで勉強するなら、塾をやめさせるわよ」というのが親の叱り文句だったというのは、なかなかのレアケースだと思います。

もともと中学受験をしたいと言い出したのは茜さんで、両親は賛成もせず反対もせず「やめたくなったら、いつでもやめていいよ」

というスタンス。頑張りすぎてしまう性格の茜さんには、ブレーキをかけてくれる両親がいてよかったと思います。

また、5年生の終わりに骨折をしてしまったことで、どうしようもない状態になって、そこで気持ちが吹っ切れたのがプラスに転じましたね。校舎を変えたタイミングもよかったし、小規模校舎になったことでクラスの変動がなくなったのも、心の安定につながったのではないでしょうか。

模試では合格可能性は極めて低かったけれど、過去問で相性がよかった渋谷幕張中にチャレンジ。この判断は正しかったと思います。渋谷幕張中の入試問題は、塾で学んだことがそのまま出ることはまずなく、小学生の子どもにとって初見の内容が多いのが特徴です。こういう問題を前にしたときに、「これは塾で習っていないから分からない」とあきらめてしまう子は合格できないでしょう。

「何としてでも解いてみせるぞ！」という強い気持ちと高い集中力、そしてその場の対応力が求められる入試なのです。茜さんはどちらかというとそういう問題傾向に強かったのでしょう。模試では一般的な入試問題の類題が出されるので、渋谷幕張中のような特徴的な問題はあまり出ません。

そのため、模試の結果だけでは合格できるかどうかを見極めることができません。見るべきものは過去問との相性で、その結果を信じて挑戦したのは正解でした。

また、日ごろから水泳の大会などで〝本番〟を経験している茜さんは、緊張することもなく、今ある力を存分に発揮できたのだと思います。むしろ、楽しんでいる様子が伝わってきて、なんてタフな子なのだろうと頼もしく思いました。入学後も、頑張っているようですね。自分で限界をつくらずに頑張る姿勢が、さすがアスリートです。

2月1日に訪れた反抗期「僕は開成には行かない」

子どもに寄り添っていたつもりだったが〝本当の気持ち〟を見過ごしていたと猛省

Profile & Data

森賢吾くん	（2019年4月より聖光学院中学校へ進学）
家族	父（46歳・メーカー）母（45歳・商社）姉（現高2・女子難関中高一貫校に通う）
通塾	新小4からサピックス
受験校	1/10 栄東A日程＝◎　2/1 AM 開成＝×　2/1 PM 世田谷（算数特選）＝◎　2/2 聖光学院1回目＝×　2/3 浅野＝◎　2/4 聖光学院2回目＝◎
受験総費用	約300万円
習い事	サッカー（年少～小1）、水泳（年中～小5）、そろばん（小1 ～小6の8月）
受験以前の学習	公文（年中～小3）

負けず嫌いな性格がプラスとなり成績はどんどん上がった

私は公立中・県立高校出身なのですが、夫が中学受験経験者で開成を卒業しています。夫の話を聞くと、そこで過ごした6年間がとても充実していたようで、私立中高一貫校の魅力を感じ中学受験を考えるようになりました。4歳上の姉も中学受験をし、今は都内の女子校に通っています。受験勉強を始めたのは3年生の2月から。塾は姉が通っていたサピックスにしました。そこは6クラスしかない小規模な校舎でしたが、真ん中のDクラスからのスタートでした。息子は公文とそろばんをやっていたこともあり、算数が得意でした。また、負けず嫌いな性格がよい方向へと向かい、成績はどんどん上がっていきました。5年生の夏に最上位のαクラスに昇格。その後、数回、「α落ち」(αクラスの下のクラスになること)はありましたが、全体的に見ると順調なほうだったと思います。

周りはみんな開成を目指し、当然受けるものだと思っていた

サピックスでαクラスにいると、男子はみんな開成を目指します。息子も開成模試を受けると、「よし、前回より点数が上がった!」「あいつに勝った!」と喜んでいたので、当然開成を受けるものだと思っていました。ただ、文化祭に行った時の反応はいまひとつだったのです。ところが、聖光学院(以下、聖光)の文化祭に行った時は大興奮で、ずいぶん気に入っている様子でした。「出店が楽しかった~!」という、小学生の男の子らしい感想でしたけれど(笑)。

受験校は、2月1日に開成、2日に聖光、3日に浅野を選びました。どの学校も合否判定模試では、合格可能性60~80%をキープしていたので、当日に何かハプニングが起こらなければ合格はかたいと

思っていました。

2月1日の朝、西日暮里の駅で息子が言った衝撃のひと言

しかし2月1日の朝、開成の最寄り駅の西日暮里駅から学校に向かう途中で、息子がこう言ったのです。「僕、こんな遠い学校には行きたくないよ。開成には行かないよ」と。

あぜんとしました。でも、ほんの一瞬の気の迷いかもしれないと思い、とにかく試験を受けさせたのです。そしたら、試験が終わった後に息子が「開成は多分受からないよ」と言いました。「難しかったんだね」と応じると、「そうじゃないよ、社会の大問3を白紙のまま出した。簡単な問題だったから、多分みんなできていると思う。だから、僕は落ちていると思うよ」と言うのです。

そのとき、初めて「ああ、息子は本気で言っていたのだな」と思い知りました。実はその予兆はあったのです。いつだったか、息子にこんなことを聞かれたことがありました。

「ねぇ、お母さん、もし開成に受かって聖光にも受かったら、開成にお金を振り込んじゃう？」

「それはそうよ。だって、開成に受かっているならそうでしょう」
「どうして開成に行かせたいの？　パパの母校だから？」

そのときは、「そういうことは受かってから言ってよね」と軽くあしらいましたが、今思えばあの頃から、息子は開成ではなく聖光に行きたかったのだと思います。ずっと子どもに寄り添って伴走してきたつもりでしたが、息子の〝本当の気持ち〟を分かってあげていなかったことに気付き、申し訳ない気持ちになりました。

母は3日で2キロやせた

翌日は息子にとって本命の聖光の入試でした。前日の開成入試の出来事で、彼がどれだけこの学校に行きたいかが分かったので、ここで受かれば、それはそれでハッピーエンドです。

ところがまさかの不合格だったのです。本人は「できた」と思っていたので、これはショックでした。

同じ日に開成の合格発表もあったのですが、開成ももちろん不合格。「浅野はできた」とは言っていましたが、聖光のこともありどうなるかは分かりません。

〝前受験〟で栄東、前の日の午後に世田谷学園中の算数特選で合格は手にしてはいたものの、もうどうしたらいいのか分からなくなってしまいました。その晩、私は夕飯も喉を通らず、2月1日から3日で2キロやせました。

小学生の受験は何が起こるか分からない

しかし本人は翌日の再チャレンジ（聖光2回目）に気持ちが向かっていました。4日の入試は定員が50人と少なく、倍率は約9倍。これまで以上に狭き門です。試験中、私はずっとドキドキしていて、保護者の待合室となっているカフェテリアにはとてもいられず、外に出ていました。9時に浅野の発表があり、ものすごく緊張しながら確認すると、合格していることが分かりほっとしました。でも、息子が本当に行きたいのは聖光です。

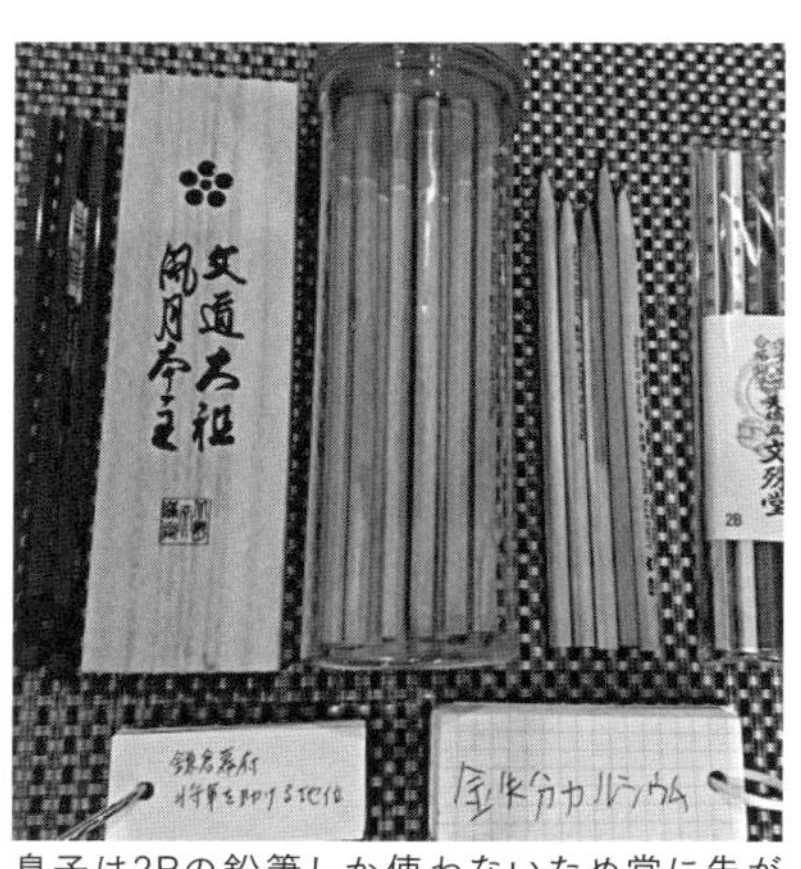

息子は2Bの鉛筆しか使わないため常に先が尖った鉛筆を筆箱に20本入れていました。「先が丸まっているのが嫌」といい、試験当日は30本持参して挑みました。

その翌日、「合格」の文字を見た時は、本当にうれしかったです。最後まであきらめなかった息子を「よく頑張ったね！」と褒めてあげました。

「小学生が挑む中学受験は、何が起こるか分からない」とよく言われますが、本当にそうだなと思いました。当日に体調を崩してしまったり、緊張してしまったりというのは想定内でしたが、まさか2月1日に反抗期がやって来るなんて思いもしませんでしたから(笑)。でも、あそこで本気で抵抗してくれてよかったと思います。

受験を終えて本人は「毎日勉強を続ける大切さを知ることができた。1日10分でもいいから勉強し続けると必ず学力は上げることができる」と言っています。

一時は本当に一体どうなってしまうのだろう？　とドキドキハラハラさせられましたが、結果的にはよい中学受験を経験できたと思っています。

中学受験後、受験生本人に聞きました！

Case 04
森 賢吾くん

受験を終えての感想

何よりも毎日勉強を続ける大切さを知ることができた。毎日10分でもいいから勉強し続けると必ず学力は上げることができます！

中学受験で一番つらかったこと

ゴールデンウイークでした。夏、秋、冬は頑張る人が増えてきてしまっているので、成績を上げることができるのはゴールデンウイークだけだと思ったからです。

親から言われてうれしかった言葉／嫌だった言葉

受験中はそんなことを考えている暇はなかったので思いつきません。

通った塾について思うこと

上のほうのクラスの人は2～3の塾に通っていた人がいました。でも、いくら塾に通っていても努力しなくては意味はないと思います。

西村先生がずばり解説！ 関口家の中学受験、ここがポイント

1. 「自分はこうしたい」という意思があった
2. 負けず嫌いな性格が向上心につながった
3. 志望校についてはもっと早くに親子で話し合っておくべき

西村先生の解説▼ 合格可能性が高かった開成の入試で、あえて社会の大問3を白紙のまま出した。心配したお母さんには大変申し訳ありませんが、「なかなかやるな」と思わずニヤリとしてしまいました。中学受験は子どもがまだ幼いため、どうしても親がリードしてしまいがちです。しかし、親御さんからすれば幼く見える子どもでも、「自分はこうしたい」という意思がちゃんとあります。賢吾くんは本当に聖光に行きたかったのでしょう。

賢吾くんのお父さんは開成出身だそうですが、難関中学出身のお父さんというのは、自分の息子を母校

に通わせたがる傾向があります。お父さんも賢吾くんを自分の母校に通わせたかったのかもしれません。

また、賢吾くん自身も成績がよく、サピックスのαクラスにいました。αクラスにいると、まわりの男子のほとんどが開成を目指しますし、負けず嫌いな性格もあって頑張っていたら、開成に合格できるレベルにまで上がっていったのだと思います。

けれども、賢吾くんのひそかな本命は聖光でした。文化祭に行ったときの反応を見ても明らかです。一つ反省点があるとしたら、志望校についてはもっと早く親子で話し合っておくべきでしたね。中学受験をするのなら、できるだけ上を目指したいと親は思うものです。

しかも、賢吾くんはお父さんの母校である開成に入れるレベルの学力もありました。となると、当然親は、第1志望校は開成と思うでしょう。ところが、賢吾くんにはピンと来なかったのです。たとえ合格できたとしても、そこで「6年間楽しく過ごすことができるのだろうか？　なんかここは違うような気がする」と違和感があったのです。

また、これは私の想像ですが、もしかすると賢吾くんは、優秀なお父さんを尊敬しつつも、お父さんに対してライバル心を持っていたのではないでしょうか。「お父さんが開成を勧めるのなら、僕は聖光に行く」といったようなちょっとした反抗心が見られたのは、お父さんを意識しているからのように感じます。

途中ハプニングがありましたが、最終的に賢吾くんが本当に行きたかった聖光の合格を手に入れられ、ハッピーエンドとなりました。

お母さんは心配しつつも、最後までお子さんの力を信じて、見守っていたように感じました。

5年生で転塾。「質問教室」フル活用で第1志望合格

「もう受験なんてやめちゃいなさい！」月1ペースの親子バトルでも諦めなかった

Profile & Data

寺西葵さん　（2019年4月より中央大付属横浜中学へ進学）

家族	父（43歳・メーカー）、母（43歳・金融）祖母（72歳）
通塾	小3～小5の5月 早稲田アカデミー→小5の6月～サピックス
受験校	1/10 浦和実業（特待）＝◎　2/1 AM 中央大学付属横浜＝◎　2/1 PM 大妻多摩＝◎　2/2 明治大学明治＝×　2/3 明治大学明治＝×
受験総費用	370万円
習い事	英語（3歳～小3）、体操（3歳～小3）
受験以前の学習	小1～小2　算数（個人塾）

同じ学力層の子と切磋琢磨してほしいと中学受験を決断

娘は低学年の頃から学校の勉強だけでは物足りなかったようで、「もっと勉強したい」と言っていました。私立であれば、同じ学力層の子と切磋琢磨できると思い、中学受験を選択しました。大学付属校を志望したのは、中高でのびのび過ごしてほしいと思ったからです。第1志望校の中央大学付属横浜中学は、大学の学部も充実していますし、通学の利便性も学校の雰囲気もいいと思いました。

5年の夏前にサピックスに転塾

小1から小2までは個人塾で算数を習っていました。中学受験塾に通い始めたのは3年生からです。わが家は中学受験をするという選択は早いうちから決まっていたので、受験勉強がスタートしたのと同時期に習い事はやめました。最初に通った早稲田アカデミーでは、S、C、Bといった上中位クラスを行ったり来たりしていました。早稲アカも悪くはなかったのですが、早稲アカは志望校別講習のために週末は別校舎に通わなければならず、そこに負担を感じていました。

転塾先として考えたのがサピックスです。サピックスはクラス数が多く、学力別に細かく見てくれるのでは……と魅力を感じ、5年生の夏前にサピックスに転塾しました。タイミング的にはあの時期に転塾してよかったと思っています。

夫は仕事が忙しく、中学受験にはほぼノータッチ。私もフルタイムで仕事をしているので、娘の勉強をあまり見てあげられません。転塾した5年生の夏以降は親子ともに疲労困憊でした。

やる気のない様子にテキストを投げ捨てたことも

受験は本人からしたいと言い出したので、ある程度は子どもに任せていたのですが、テストの点数が悪かったのに、だらけて解き直しもしなかったときは、さすがに私も頭にきて、「もう受験なんてやめてしまいなさい！」とテキストを投げ捨てました。こんなことを言ってはいけないと思っていても、仕事でヘトヘトになって帰ってきて、やる気のなさそうな姿を見せられると、自分の感情を抑えきれなくて……。

しかし娘は「受験はやめない。絶対に私立に行く！」の一点張り。だったら、もう少しやる気を見せてよ！と思いましたね。そんな感じで月に1回は、「もう受験なんてやめちゃいなさい！」「いや、絶対にやめない！」の親子バトルをしていました。まぁ、これはわが家に限らず、〝受験家族あるある〟だと思いますが（笑）。

成績は6年生の秋以降徐々に上がっていきました。6年生は火曜・木曜が17時〜21時、土曜は14時〜19時、日曜は9時〜19時と週4日塾通い。本当にハードな日々でした。

質問教室は「行ったもん勝ち」

サピックスには「質問教室」があり、授業後に分からないところを先生に聞くことができます。初めは遠慮してあまり行かなかった娘も、志望校別の勉強が始まってからは、苦手科目を中心に必ず質問教室に行くようになりました。娘が言うには「質問教室は行ったもん勝ち！」だとか。これを活用したことが大きな伸びにつながりました。

しかし授業の後に質問教室に行くと、家に帰ってくるのは22時過ぎ。そこから夕食を食べて、復習をしてから寝る。翌朝は5時に起きて、漢字と計算練習をしてから学校へ行くという生活で、今振り返ると本当によく頑張っていたなぁと思います。

秋の模試は、実際の入試会場で受けるなど、本番を意識させました。私も一緒に会場へ行き、当日の道のりを確認したり、入試のシミュレーションをしたりしました。秋から順調に成績が上がっていったので、1月の埼玉入試は特に緊張することもなく、いつも通りにできました。浦和実業で特待合格が取れたのは大きな自信になったと思います。

受験を通して毎日勉強する習慣が身についた

2月1日の本番も力を出し切れました。その後、午後も受験したのですが、午前中に4教科の入試を受けて、移動中の駅でお昼ごはんを食べ、15時から2教科の入試を受けると、終わるのは17時半。そこから電車に乗って帰宅すると19時を回り、翌日に4教科の入試を控えていると、とても負担になります。体力がない子にはあまりお勧めしません。

わが家の場合は2月1日の中央大付属横浜中が第1志望で、しかも合格していたからよかったのですが……。

合格はもちろんうれしかったけれど、中学生になっても、受験勉強ほどではないけれど、毎日必ず机に向かって勉強する習慣が身に付いたのは良かったなと思います。中学受験は、子どもがまだ幼いのでどうしても親が引っ張っていかなければなりませんが、中学生になると自分から勉強するようになり、娘の成長を感じます。

定期テスト前は、親が先に寝ても、自分だけ起きて勉強しているのです。おかげで学内順位は上位をキープ。付属校だから、入学後にだれてしまうかなという心配があったのですが、そんなことはなく、部活や学校行事を楽しみつつも、勉強も頑張っています。

小学校時代は小学生らしい生活ができず、塾に明け暮れる毎日でしたが、中学受験を通じて自分で生きていける力を身に付けられたと思います。また受験を終えた娘は、「塾は頭のいい子ばかりで競うのが大変だったけど、最前列を競う授業はちょっと楽しみでもあった。先生の授業が面白かった」と言っています。第1志望校に合格できたからというのももちろんあるけれど、わが家は中学受験をして本当によかったと思っています。

中学受験後、受験生本人に聞きました！

Case 05
寺西 葵さん

受験を終えての感想

大変だったけれど、ライバルと争うのは楽しかった。

中学受験で一番つらかったこと

クラスが落ちたり、テストが悪かったりして、他の子に抜かれたこと。あまり遊べなかったこと。

親から言われてうれしかった言葉／嫌だった言葉

うれしかった言葉…（あまり褒められた記憶はないが）褒めるとあなたは油断するから！と言われたこと。絶対できるから大丈夫！

嫌だった言葉…受験やめなさい！

通った塾について思うこと

頭のいい子ばかりで競うのが大変だったけど、最前列を競う授業はちょっと楽しみでもあった。サピックス生は質問教室を活用するといい！先生の授業が面白い。

西村先生がずばり解説！　寺西家の中学受験、ここがポイント

1. もともと学習習慣がついていたので転塾してもペースについていけた
2. 帰ったら復習、朝に漢字や計算をやるなど時間の使い方が上手
3. 質問教室を活用し「分からない」を放置しなかった

西村先生の解説▼5年生の夏前に転塾したというのは、転塾をするタイミングとしてはベストだと思います。ですが、一般的に転塾というと、通っていた塾の授業のスピードについていけないとか、いつまでたってもクラスアップができないとかうまくいかなくて、もう少し進度がゆるやかな塾に転塾して、子どもの学力レベルにあった受験に切り替えるというケースがほとんどです。例をあげるのなら、サピックスから日能研へ、早稲田アカデミーから日能研へ、といった感

じです。

ところが、こちらのご家庭は、早稲田アカデミーからサピックスへ転塾されています。これは非常にレアケースです。早稲田アカデミーもサピックスもカリキュラムにはあまり差がありません。両者の違いをあげるなら、早稲田アカデミーは宿題を必ずやらせ（しかも多い）、やってこないと親に連絡を入れるなど強制力が強いのに対し、サピックスは宿題を出すけれど、やったかどうかのチェックはせず、子どもの自主性に任せているところです。

ですから、これまで塾の強制力でなんとか勉強してきたという子が、サピックスに転塾すると、何をどう進めていいのか分からず戸惑うことになります。葵さんがうまくペースに乗れたのは、もともと学習習慣が身に付いていて、自分事として受験勉強をやってきたからでしょう。

一日の過ごし方もとてもいいですね。６年生になって通塾日が増えても、塾があった日は帰ってから必ず復習をし、その日に学習したことは、その日のうちに振り返っています。実は、これはとても大事なことです。そして、朝に漢字や計算ドリルに取り組むという習慣が身に付いています。時間の使い方がとても上手です。

また、塾の質問教室をうまく活用できましたね。サピックスの場合、授業の後に質問ができるのですが、質問をするために列に並ばなければならず、子どもにとっては負担に感じます。「行ったもん勝ち」と言える葵さんに、精神的なタフさを感じます。質問教室を活用したことで、「分からない」をそのままにせず、塾にいる間に理解することができました。だから、家庭学習もスムーズに進められたのだと思います。中学受験で身に付いた学習習慣が一生ものになったのも素晴らしいことです。

サッカー少年が6年生から再挑戦した中学受験で勝利

塾をやめ、パパの指導で第1志望校に合格

Profile & Data

幸田雄介くん	(2021年4月より桐光学園中学校へ進学)
家族	父(46歳・メーカー) 母(44歳・IT企業) 長男(高1)
通塾	小3の2月〜小5の2月まで早稲田アカデミー
受験校	2/1 AM 桐光学園=× 2/1 PM 国学院久我山STクラス=× 2/2 桐光学園=◎ 2/3 PM 国学院久我山STクラス=× 2/4 桐光学園(T&M入試)※出願のみ
受験総費用	100万円
習い事	5歳〜6年生の終わりまでサッカーのジュニアクラブチームに所属、4歳〜3年生まで英語、3歳〜5年生まで水泳、1年生〜5年生まで空手
受験以前の学習	特になし

サッカーと勉強の両立に限界を感じ、5年生の終わりに塾を辞める

3つ上の兄が中学受験をしていて、親子で成長できたので、雄介にもやらせたいという気持ちがありました。しかし精神的に少し大人だった兄と比べて、雄介は何をやっても手がかかりました。

小3の2月から、早稲田アカデミーに通うようになりましたが、宿題は自分からやらないし、丸付けも見直しもしない。いちいち私がお尻をたたかないとやらないのです。でも体育会系の塾のノリは合っ

ていたようで、楽しく通っていたので、4年生の間はまあいいかなという感じでした。

また雄介は5歳からサッカーをやっていました。初めは近所のお友達に誘われて「体力づくりに」くらいの気持ちでしたが、2年生のときに、ドイツで実施されるジュニア対象の合宿の選抜メンバーに選ばれたのを機に自信を持つようになり、徐々に本気でサッカーを頑張るようになったようです。

4年生のうちは塾との両立も可能でしたが、5年生になるとどちらも忙しくなり、サッカーの遠征の移動中に塾の宿題をやって、なんとか塾の勉強についていくといった感じでした。でも、無理をさせてしまったのかもしれません。あるときから、サッカーで小さなミスを連発してしまうようになったのです。

要領のいい兄は、塾と習い事をうまく両立させていましたが、雄介は器用にできるタイプの子ではありません。それでも、自分なりに頑張っていたのに、塾の成績は下がるは、サッカーではミスが続いてスタメンをはずされるはで、自信を失ってしまう。そんな息子の姿を見て、もう受験との両立は限界かなと思いました。正直言うと、私も息子の受験サポートにほとほと疲れてしまって。

あるとき息子のほうから「僕、塾をやめてサッカーを頑張りたい」と言ってきたのです。その言葉を聞いて、夫も私も「そうだね。この子は今、サッカーをやりたいんだね」と納得し、5年生の終わりに塾をやめることにしました。

憧れのクラブチームに合格。しかし「その先の進路」を考え始めた

コロナ下で思うようにいかないこともたくさんありましたが、6年生の9月に憧れのクラブチームに入ることが決まりました。いろいろあったけれど、とりあえず一つ進む道が決まり、親子ともどもほっとしました。しかしサッカーのクラブチームは中学までは所属できるけど、高校でそのまま上がれるという保証はどこにもありません。地元の中学に通うと、3年後には高校受験が控えている。思いっきりサッカーをやるためにクラブチームを選んだのに、サッカーも勉強も中途半端になってしまう可能性も否めない。だったら、中高一貫校に通わせたほうが、6年間サッカーに打ち込めるのではないか……と考えるようになりました。

受験をすると決めたもののサッカーは手を抜きたくないということで、塾に行くことはあきらめました。そこで夫が勉強を見ることにしました。夫が教えたのは主に算数で、テキストは『下剋上算数』

（産経新聞出版）を使いました。このテキストは解き方の解説が充実しているので、子どもが自分一人で見直すのに向いている教材ですが、雄介は全く見直しをせず、何度も同じ間違いをするので、夫と雄介はそのことで何度も衝突していました。

塾をやめてからも「中学・高校で必要だから」と考え、算数と国語はある程度自宅でやっていましたが、夫は自称「勉強しなくても成績がよかった」という優等生タイプだったそうで、一回教わったことが理解できないということが、なかなか理解できなかったようです。そのため雄介に強く言いすぎたりすることもありましたが、だんだん雄介の性格や学習のリズムがつかめるようになったようです。

勉強を始めた頃は解けない問題のほうが多かったのですが、やっていくうちにだんだん丸が増え、「惜しい！」ということが増えていきました。夫はそれまで仕事が忙しく、兄の中学受験のときは私に任せっきりでしたが、雄介の受験勉強には根気よく付

毎日の勉強は、「下剋上算数」と「小学６年ハイクラステスト読解力」の問題集をコピーして１枚ずつ。文章題と図形の問題集も役に立った。

き合ってくれました。コロナで緊急事態宣言が出ており、帰宅が以前より早まったり、休日出勤が減ったりしたのも大きかったと思います。

偏差値では厳しい桐光学園へのチャレンジを決意

志望校を決めたのは6年生の11月。高校サッカーに進んでほしいという希望を持つ夫が桐光学園という目標を定めました。「偏差値的には遠いものの、努力次第で可能性はある」と考えたようです。またT&M入試という得意分野をアピールできる入試があるのも魅力でした。これは国語・算数と面接の試験です。もちろん、一般入試でもチャレンジするけれど、6年生の10月までは国語と算数にしか取り組んでいなかったので、最後の最後はこのT&M入試に懸けてみようと思いました。

相変わらず放課後はサッカーをしたり友達と遊んだりして、1日の勉強時間は1～2時間程度でした。でも、学校の志望動機を書くときは、何度も考えて書き直していました。そういったプロセスを通じて「絶対に桐光学園に行くぞ!」という気持ちが固まったのだと思います。

桐光学園は2月1日、2日の一般入試と4日のT&M入試を出願しました。6年生になってからは模試を受けていなかったので、1日と2日の入試は、場の雰囲気に慣れるためという程度でいたのですが、やるからには本気で取り組んだようで、1日の入試は、本人は手応えがあったみたいです。帰りの電車の中で国語の入試を採点してみたら、漢字以外はすべて正解でした。ところが、その夜の発表では不合格。それまで過去問で一度も合格点に達成したことがなく、かすりもしないと思っていたら、実際の入試では手応えがあった。それなのに不合格だったことが悔しかったようで、1日の夜に「やる気のスイッチ」が入ったのです。今ですか？　という感じでしたが、彼の中で何かが変わったのは確かでした。そして、迎えた2日目。合格を手にすることができたのです。

私も夫も一般入試で合格をするのは難しいだろうなと思っていたんです。だから、合格したときは本当に驚きました。雄介本人は「5年生まで塾に通っていてある程度勉強をしていたから合格できたんだと思う」と言っていました。「だから、塾の先生にお礼を言いたい」と言ってきて、この子も成長したなぁ〜と。「僕に対しては『ありがとう』の一言もないよ」と夫はぼやいていますが(笑)。このようにわが家の中学受験は奇跡的に合格で終わりました。結果オーライですが、やっぱり兄の受験と比べると、雄介は手がかかりましたね。いろいろあったけれど、塾をやめると決めたときも、やっぱり受験をしようと決めたときも、家族の意見が一致したのが、良かったのだと思います。

中学受験後、受験生本人に聞きました！

Case 06
幸田雄介くん

受験を終えての感想

意外と簡単だった。なぜか当日、
テストがいい感じにできた。

中学受験で一番つらかったこと

やりたくない勉強をするのがつらかった。

親から言われてうれしかった言葉／嫌だった言葉

うれしかった言葉…ない。 **嫌だった言葉…**「サッカーは趣味だ」
※ママから補足・クラブチームに合格した後、夫と息子が言い合いになったときに夫がぽろっと言った。たぶん雄介が奮起することを期待して心にもないことを言ったのだと思います。
「ちゃんと考えろ」※ママから補足・これも夫の言葉。勉強中、雄介なりに一生懸命考えても分からないから困っているのに、夫はよくこの言葉を言っては、雄介と衝突していました。

通った塾について思うこと

塾で基礎をしっかり勉強していたからよかった。クラス分けテストなどで、テスト慣れしていたのもよかった。

西村先生がずばり解説！

幸田家の中学受験、ここがポイント

1. 目的が明確になってから再度受験を目指した
2. 注意が必要なパパ塾でもお父さんが根気よく向き合えた
3. お母さんが見守る側に徹した

西村先生の解説▼ 中学受験とスポーツは両立できるのか？受験生の親御さんによく聞かれる質問です。私は、中学受験をすると決めたなら、4年生のうちはまだいいのですが、5年生の夏以降は受験勉強に集中した方がいいと考えています。なぜなら、両立は親御さんが思っている以上に大変で、子どもに負担がかかるからです。

中には、6年生の秋までスポーツを続けて、第1志望校に合格したという子もいますが、それは非常にレアなケースと思っておいた方がいいでしょう。雄介くんも

4年生までは両立できていますが、5年生になってから、サッカーも受験勉強もどちらも中途半端になってしまっています。そこで潔く受験をやめると選択したのはよかったと思います。

その後、クラブチームに合格し、親子とも心の余裕ができたことで、改めて受験勉強を再開しました。今度は、「大好きなサッカーを続けるため」と目的も明確になり、受験校が絞りやすかったと思います。6年生の秋からの再開となりましたが、ここで塾に入り直さず、パパ塾にしたのは正解でした。この時期から塾に行っても、塾で習ったことの総復習や演習をするだけなので、志望校が明確な雄介くんにとっては無駄が多いからです。

ただし、パパ塾は要注意。父親というのは、どうしても同性の息子に対して、「ちゃんと考えろ！」「なんでこんな問題が解けないんだ！」と厳しめに言ってしまいがちだからです。雄介くんのお父さんもはじめはそういう態度が出ていたようですが、向かい合っていくうちに、次第に雄介くんの性格や学習のリズムがつかめるようになりました。ここでお父さんが根気よく付き合えたのが素晴らしかったですね。

新型コロナウイルスの流行によって、働き方が変わったことも大きかったのではないでしょうか。また、お兄さんの受験のときは、お母さんが中心となって受験勉強を進めてきたようですが、雄介くんのときは一筋縄ではいかず、「私はもうダメ」と身を引く選択をしたのは正しかったと思います。ここでお母さんも頑張ってしまうと、雄介くんの逃げ場がなくなってしまうからです。

やや熱心なお父さんと、それを見守るお母さん。このバランスが絶妙でした。同じ兄弟でも受験勉強の進め方はそれぞれです。サッカーをやっている雄介くんには、ちょっと厳しめで、ときどき褒めてくれるお父さんに伴走してもらう方が合っていたのだと思います。

夏前のトラブルを乗り越え合格。小6女子の心は複雑

6年の夏に女子グループの仲間外れトラブルが勃発。「K-POPアイドルになる!」宣言も

Profile & Data

星野鈴花さん (2019年4月より日本大学第三中学校へ進学)

家族	父(46歳・公務員)母(42歳・フリー翻訳家)妹(小学3年生)
通塾	小4から地元の小規模塾へ
受験校	2/1 AM 日大三=◎ 2/1 PM 桜美林=×※出願のみ 2/2・2/3 AM 日大三 PM=桜美林、2/4 桐光学園
受験総費用	180万円
習い事	バレエ(年中~年長)、体操(年長のみ)、スイミング(小1 ~小5)、電子オルガン(小2のみ)、フラダンス(小4 ~小5)、ヒップホップ(小5~小6の夏前)、パンづくり教室(小4 ~小5 /月1回)
受験以前の学習	公文(小1 ~小5)

競争心がない娘には大手進学塾は合わないと判断

最初に受験をしたいと言い出したのは娘です。わが家の近くにはいくつかの私立中高一貫校があるのですが、そのうちの一つに行きたいと言い出して。夫は中学受験をしていませんが、私は受験経験者。私立の良さは感じていたので、本人にやりたいという意志があるのなら、応援したいと思いました。中学受験をするのなら塾通いは必須です。ただ、私自身の経験から、成績序列のある大手進学塾に対して、あまりよい

イメージを持っていませんでした。競争心がない娘には、きっと合わないだろうなと。

そこで、地元の小規模塾に4年生から通わせることにしました。その塾では、一人の先生が全教科を指導しています。一応、少人数制クラスなのですが、たまたまその学年は生徒の数が少なく、6年生のときはほぼマンツーマンでした。幸い、その先生がとてもよい指導者で、勉強を教えるだけでなく、娘のメンタルもしっかりフォローしてくださり、わが家の中学受験は、この塾の存在がとても大きかったと思います。

サマースクールで気に入った学校を中心に志望校を絞る

夫婦共に「中学受験では無理をさせたくない」との思いがありました。だから、「何が何でも難関校へ！」ではなく、家から通える距離で、娘に合った校風の学校へ行かせたいと思っていました。受験勉強を始めた当初は、娘は桐光学園に行きたいと言っていましたが、5年生のサマースクールで日大三中を訪れたら、先輩がとても優しく接してくれて、日大

お手製のスタンプカード。カード1枚がスタンプで埋まったら「サーティーワンアイスクリーム」、5枚で「焼肉を食べに行く」をご褒美に設定。モチベーションアップに役立ちました。

三中もいいな、と思うようになったようです。他にも桜美林中にも引かれ、5年生の夏の段階でこの3校に受験校は絞られました

受験勉強は基本、塾に任せました。実は、私は桜蔭出身で、中学受験の算数を教えることはできました。でも、親の私が教えると絶対にうまくいかないと思ったのです。実際、問題が解けない娘を見て、「なんでこんな問題が分からないのよ！」とイライラしたこともありました。だから、あえて教えないようにしたのです。

スタンプカードを作ってモチベーションアップ

中学受験の勉強は長期戦で、出題範囲も広く、どこまで勉強するかを決めるのは難しいものです。そこで、わが家は塾の宿題と、塾の先生からすすめられた算数の演習問題集を1日1枚やればＯＫということにしました。娘は与えられたものに対してはコツコツと取り組める子でしたし、やらないまま塾に行くのを嫌がりました。先生との信頼関係があったので、先生をがっかりさせたくないという気持ちがあったようです。

そんなわけで、親の私の役割は毎日問題集を1枚コピーすることと、きちんとやり終えたら、手製のスタンプカードにスタンプを押してあげることくらい（笑）。カード1枚にスタンプが全部押されたら「サーティーワンアイスクリーム」、5枚で「焼き肉を食べに行く」というご褒美を設定することで、モチベーション維持に務めました。

6年夏前のピンチ！「K-POPアイドルになるから受験をやめる！」

受験に向けて順調に進んでいましたが、6年の夏前に大きな出来事がありました。ある日、娘が「学校に行きたくない」と言い出したのです。

話を聞くと、どうやらクラスの女子グループからいじめを受けていたようなのです。娘が通っていた小学校は、中学受験をする子は少数派でほとんどの子が地元の公立中学に進学します。娘には一緒にダンスを習っていた仲良しの友達がいたのですが、受験勉強が本格化するにつれて一緒に遊ぶ時間が減ってしまい、それをつまらなく感じた友達が他のやんちゃタイプの女の子たちと仲良くなったことで、その子たちが一斉に娘をからかうようになったのです。

実は、娘の異変に最初に気づいたのは、塾の先生でした。「鈴花ちゃん、最近ちょっと元気がないみたいなのですが、学校で何かありました？」、そう聞かれて初めて娘の状況を知ったのです。すぐに気づいてあげられなかった自分を責めました。娘には「学校に行きたくなかったら、行かなくてもいいよ。無理をすることはない」と伝えました。その後ちょうど夏休みに入ったこともあり、友達と離れる時間ができたことでこの問題は落ち着いたようにみえました。

しかし今度は「Ｋ－ＰＯＰアイドルになりたいから、受験をやめる！」と言い出したのです。驚きましたがここで軽くあしらうとかえって意地を張るに違いないと思い、ここは理詰めで納得させることにしました。「あなたの夢は応援したいけれど、憧れだけで受験をやめることには反対よ。Ｋ－ＰＯＰアイドルになりたいのはなぜ？　歌って踊ることが好きだから？　それともかわいい服が着られるからかな？」と一つずつ掘り下げて聞いていきました。すると、娘が「かわいい楽曲に合わせて踊りたい」と言ったので、「それなら中学に入ってから習いに行けばいい。あなたが本気でやりたいなら応援するよ」と伝えたのです。

その頃は学校の友達関係の悩みに加え、塾での勉強量も増え、受験に対する不安が大きかったのだと思います。でも、娘とじっくり話をし、漠然としたモヤモヤを取り除いてあげたら、再び受験勉強に向かうようになりました。ちょうどその頃、今まで苦手だった算数で点数が取れるようになったことも自信につながったようです。また早い段階から志望校を絞ったことでチャレンジ問題に手をつけず、小問で確実に正解するという戦略を取ったのもよかったと思っています。

受験校は、日大三中、桜美林中、桐光学園の3校に絞りました。塾の先生からも「日大三中が一番合っているように思う」と言われていたので、日大三中の合格が取れればわが家の中学受験は終了です。2月1日～3日の午前中はすべて日大三中、午後すべては桜美林中に願書を提出しました。模試でも合格可能性70%に達していたので、当日よほどのことがなければ大丈夫！　と娘の力を信じて前受験はしませんでした。実際、入試当日の娘は自信にあふれ入試を楽しんでいるようにさえ見えました。結果は初日に第1志望校に合格。わが家の中学受験は終わりました。

一時はどうなることかと思ったわが家の中学受験も、終わってみると「挑戦してよかったね！」と笑顔で話すことができます。中学受験に対する価値観はいろいろありますが、自宅から自転車で通える距離の学校を選んだことで、好きなことをする時間が持てたことはよかったと思います。

中学受験後、受験生本人に聞きました！

Case 07
星野鈴花さん

受験を終えての感想

勉強は、しておいたほうがいいと思う（してよかった）。

中学受験で一番つらかったこと

友達と遊べないことと習い事ができなくなったこと（友達が他の友達と仲良くなって、おいてけぼり…）。

親から言われてうれしかった言葉／嫌だった言葉

うれしかった言葉…「今日遊びに行こ！」
嫌だった言葉…「頑張って」

通った塾について思うこと

ほとんど先生と1対1だったから、よく見てもらえてよかった。

西村先生がずばり解説！　星野家の中学受験、ここがポイント

1. お母さんが「自分と子どもは違う」と切り離して考えられた
2. 勉強は塾の先生に任せ、お母さんはモチベーションアップに徹した
3. 子どもの言い分を否定せずに聞いてあげられた

西村先生の解説▼　中学受験未経験の親御さんからすると、受験経験者の親がいる家庭は有利に感じるかもしれません。しかし、私がこれまでたくさんのご家庭を見てきて感じるのは、受験経験者の親ほど、「なんでこんな問題が分からないの？」と子どもを責めてしまいがちだということです。特に難関中学卒の親御さんにその傾向があるように感じます。

ところが、鈴花さんのお母さんは、女子最高峰の桜蔭出身ですが、自分とわが子を切り離して、冷静に受験をサポートしています。まず、自身の経験から成績序列

の大手進学塾は、競争心のない鈴花さんには合わないと考え、地元の小規模塾に通わせました。

また、算数を教えることはできても、自分が教えるときっとイライラしてしまい、うまくいかないだろうと判断し、勉強は信頼している塾に任せることにしました。鈴花ちゃんも先生との信頼関係があり、まじめにコツコツと勉強していたようですね。お母さんは、頑張ったら手製のスタンプカードにスタンプを押したり、アイスクリームや焼肉のご褒美を与えたりすることでモチベーションの維持に務め、ご家庭と塾がタッグを組んで、鈴花さんの受験をサポートしてきた様子が伝わってきました。

しかし、この年ごろの女の子は、友達関係でいろいろな悩みがあるようですね。私の教え子にも同じようなことがありました。親には心配をかけたくないと、明るく振る舞っていたのかもしれませんが、鈴花さんの異変に気付いた塾の先生はさすがです。たくさんの生徒がいる大手進学塾の先生では、まず気付けないでしょうし、小規模塾の先生だってそこまで気付けないかもしれません。やはり、確かな信頼関係があったからこそだと思います。

その後の「K－POPアイドルになりたいから、受験をやめる！」宣言は、なかなかユニークな発言でしたね。ここで、お母さんが頭ごなしに「何バカなことを言っているの！」と否定せず、じっくり鈴花さんの思いを聞いてあげたのが素晴らしかったですね。これはなかなかできないことです。途中、学校に行きたくないと言い出す心配もありましたが、最終的に本人の頑張りで第1志望校に合格することができ、よい受験ができたと思います。

3度目の受験は一番ラクで、賢い「受験親」になれた

兄弟3人は日能研、早稲アカ、サピックスと、みんな違う塾へ

Profile & Data

川上翼くん	(2019年4月より駒場東邦中学校へ進学)
家族	父(医師)母(PR)長男(大学2年生)次男(大学1年生)
通塾	小2の8月からサピックス
受験校	1/21 東邦大学付属東邦(特待)=◎ 1/22 渋谷教育学園幕張=◎ 2/1 駒場東邦=◎ 2/2 広尾学園医進・サイエンスコース=◎ 2/3 筑波大学付属駒場=×
受験総費用	300万円
習い事	水泳(2歳〜小6夏)、そろばん(4歳〜小1)、アルゴクラブ(小1〜小2)、ロボット教室(小2〜小4)
受験以前の学習	モンテッソーリの幼児教室
長男の受験	進学校=浅野　通っていた塾=日能研　合格校=市川・東邦大学付属東邦・桐朋・攻玉社　不合格=渋谷教育学園幕張
次男の受験	進学校=駒場東邦　通っていた塾=早稲田アカデミー　合格校=市川・昭和秀英(特待)・本郷・海城　不合格=東邦大学付属東邦

気難しい長男、怠け者の次男、のんびり屋の三男 個性あふれる3人の息子

今まで長男、次男と中学受験を経験し、今回は三男でした。中学受験をしようと思ったきっかけは長男です。長男は勉強が得意でしたが落ち着きがなく、人との関係づくりが苦手な子でした。こういうタイプの子は内申点が重視される高校受験は難

しいと思い、中学受験を選択しました。上の2人は年子だったので、次男も自然な流れで中学受験をすることに。ただ、この2人は性格が全く違っていたので、別の塾に通っていました。

長男が中学受験の勉強を始めた当時、わが家の最寄り駅には大手進学塾は日能研しかありませんでした。日能研は授業の進みもゆるやかだし、宿題も少なめ。人にあれこれ言われるのが嫌いな長男にはぴったりな塾でした。

次男も初めはきょうだい割引があるからと日能研に通わせていたのですが、この子は怠け者(笑)で、誰かの目がないとすぐにラクなほうへと流れてしまうタイプ。長男と違って、日能研のゆるさが心配でした。そんなとき、タイミングよく最寄りの駅前に早稲田アカデミーが開校し、「ここだ!」と思い転塾させました。

三男は上の2人と年が離れていました。その頃には、最寄り駅にサピックスができていて、上の2人の中高のお弁当作りに疲れていたので、あまりお弁当を作る必要がないサピックスを選びました。三男はのんびり屋で、静かなタイプ。でも、負けず嫌いなところがあったので、サピックスが合っているのではないかと思ったのです。こ

受験当日のお弁当。午後の試験で眠くならないように少なめに、食べやすく作りました。

うしてわが家は、首都圏の三大塾のお世話になりました。「受験親」を3回経験し、回数を重ねるごとに賢い「受験親」になれたのではないかと思っています。

塾の言いなりではなくわが家なりのやり方を選ぶようになった

長男のときは、最初の受験だったので、すべて塾の言われるままに受験勉強を進めていきました。しかし次男のときは、早稲アカで宿題の量が多いということもあって、これでは塾の勉強に追われるだけで、志望校合格のための勉強ができないと思ったのです。そこで、6年生の正月特訓を受けないという選択をし、過去問対策を徹底的にやりました。絶対に行きたい学校の過去問は、5年分を2回やり、問題の傾向を体に刷り込ませました。これが結果的によかったので、三男のときも同じように過去問対策に力を入れました。

3人の子どもの「受験親」を経験して、自分のスキルで一番上がったのはコピー取りです。模試や過去問のコピーは枚数が多いので、人がいない早朝のコンビニでやっていました。過去問は本番を意識させるために原寸でコピーをするのが鉄則ですが、三男の頃にはすっかり慣れてしまい、コピー機の蓋を開けたまま素早くコピーができるようになっていました(笑)。

親が引っ張り過ぎて受け身になってしまった長男、次男

振り返ってみると、上の2人は幼いときに習い事をあれこれやらせ過ぎていました。低学年からサピックスの通信教育「ピグマキッズくらぶ」で1学年先取りをさせるなど、勉強にも力を入れました。その結果、長男は中学受験ではさほど苦労せずに第1志望校に合格しました。

次男は直前期まで第1志望校は危うかったのですが、最後に家庭教師をつけたことで伸び、やはり第1志望校に合格できました。

しかしそれはみんな親の私が引っ張ってきたから。それが受け身の姿勢をつくり、中高で伸び悩んでしまい、大学受験では思うようにいきませんでした。

そんな反省点も踏まえて、年が離れた三男は、幼少期から与えすぎない子育てを心掛けました。幼児期に習い事を詰め込むのはやめ、自分の好きなことにじっくり取り組む時間を意識しました。幼児期に通ったモンテッソーリの幼児教室では、子どもがやりたいことを自分で選び、それを最後までやらせます。そうやって子どもの自主性を伸ばしていくのですが、この経験は中学受験でも生かされたように思います。

中学受験もはじめは偏差値50クラスからのスタートでしたが、テスト直しなど嫌なことにもきちんと向き合い、コツコツと頑張りました。その結果、成績が伸び、筑駒にチャレンジしたいと思うようになりました。

中学受験の勉強の進め方は、塾が違っても基本はどこも同じです。ですから、4年生から入試本番までの3年間がどのように進んでいくかを既に知っているというのは、大きなアドバンテージになったと思います。

残念ながら三男は第1志望校には合格できず、第2志望の学校への進学となりましたが、3人の兄弟の中では一番実直に受験勉強を頑張ったと思います。一方、私は3回目の「受験親」ということもあるけれど、一番手がかからず、気持ち的にもラクな中学受験でした。

中学受験後、受験生本人に聞きました！

Case 08
川上 翼くん

受験を終えての感想

もっとつらいと思いましたが、意外に大変という気持ちはなかったです。

中学受験で一番つらかったこと

お母さんに怒られること。

親から言われてうれしかった言葉／嫌だった言葉

うれしかった言葉…「あなたはもっと上を狙える力があるよ。自分のペースで頑張りなさい」

嫌だった言葉…「もうあなたなんてしらない」

通った塾について思うこと

一緒に頑張れる友達がいて良かった。SSの授業が面白い。

西村先生がずばり解説！ 川上家の中学受験、ここがポイント

1. 三男には「与えすぎない子育て」を心がけた
2. 兄弟それぞれに合った塾を選んだ
3. お母さんが受験にのめり込み過ぎなかった

西村先生の解説▼ 年が離れた2人のお兄さんの子育て経験が生かされ、よい受験をすることができましたね。誰でも最初の子育ては失敗したくないと肩に力が入ってしまい、これもやらせなきゃ、あれもやらせなきゃと〝与える子育て〟になってしまいがちです。お母さんが引っ張ってきた結果、上のお兄さんたちは中学受験では第1志望校に合格できたものの、その後も受け身の姿勢のままで、中高で伸び悩んでしまったようですね。こうした反省点から、三男の翼くんには幼少期から与えすぎない子育てを心が

けたというのは、とても良い判断だと思います。

中学受験は子どもがまだ幼いため、親があれこれ指示を出してしまいがちですが、伸びる子の共通点は「自主性がある」ことです。翼くんは幼いときから、やりたいことを自分で選び、最後までやるという経験を積み重ねています。そういう子は、中学受験も自分事として捉え、コツコツと頑張ります。難関校にチャレンジしたいと思えるまで成績が伸びたのは、本人の努力によるものだと思います。

中学受験をさせる家庭は、きょうだいがいる場合、たいていが同じ塾に通わせます。そのほうが、親がラクだからです。しかし、こちらの家庭は3兄弟のそれぞれの性格を見極め、別の塾に通わせました。人にあれこれ言われるのが嫌で、自分のペースで勉強したい長男は、授業の進度がゆるやかで宿題が少なめの日能研。誰かの目がないとすぐにさぼる次男は、ややスパルタな早稲田アカデミー。負けず嫌いな三男はサピックスと、塾の特徴も熟知していますね。過去問対策が大事であることと、過去問は本番を意識させるために、原寸でコピーすることなど、中学受験のことをよく知っているお母さんですね。受験親を3度経験したというのもありますが、お母さん自身もよく調べ、研究されたのだと思います。

でも、何よりもよかったのは、三男の翼くんの受験では、お母さんの肩に力が入っていなかったことです。翼くんに自主性があったというのも大きいですが、子どもの受験にのめり込まず、距離を置いて見守っていたように感じました。また、上2人の中学受験後を見てきて、中学受験でその子の人生が決まってしまうわけではないことを実感し、俯瞰(ふかん)して中学受験を見ていたのがよかったと思います。

3度目の受験は一番ラクで、賢い「受験親」になれた

西村先生がずばり予想！

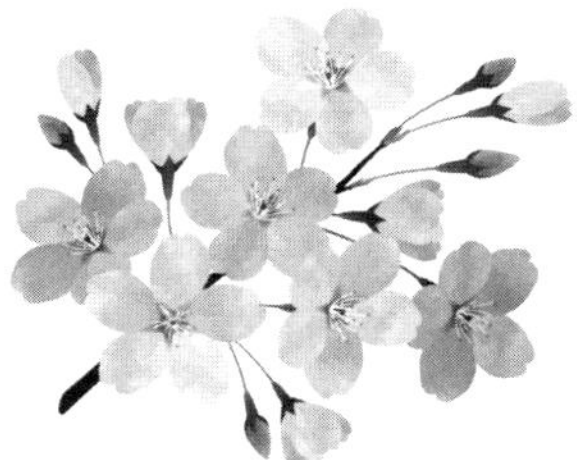

小6で受験再開。勉強と進行管理は知人に。2科目で合格

小5で受験を撤退し、コロナ禍を機に再挑戦。人事ママは学校選びで先生の転職サイトを確認

Profile & Data

山内ゆいさん（2021年4月より都内大学付属校へ進学）

家 族	父（45歳・証券）母（44歳・メーカー）長女（中3）
通 塾	小4 〜小5　地元の小規模塾
受験校	1/8 盛岡白百合学園＝◎　1/10 星野学園＝◎　1/10 大妻嵐山＝◎　2/1＝山脇学園＝×　2/2＝山脇学園＝×　2/4＝都内大学付属校＝◎
受験総費用	100万円
習い事	バレエ（小1 〜小4）
受験以前の学習	英語（幼稚園はインターナショナルスクール、小学校から公文と個人レッスンの併用）

姉とは違うタイプと思い小規模塾を選択

２つ上の姉が中学受験をして、とてもよい受験ができたので、ゆいにも経験させたいと思いました。しかし姉はもともと勉強が得意で難しい問題もワクワクしながら解くタイプ。見事第１志望の難関校に合格できましたが、ゆいはスモールステップで積み上げるタイプ。そのため塾は地元の小規模塾を選びました。塾長のブログを読み、この塾ならゆいに合いそうだなと思ったからです。

受験親は一度経験しているので、中学受験のことは一通り分かっているという強みはありました。でも、姉妹の偏差値の差が20くらいあったので、学校選びはゼロからやることになりました。姉妹の2回の受験で50校以上の中学校を訪れましたね。気になる学校は複数回訪問していますので、延べでは130回を越えると思います。

姉妹でも性格は違うので、学校選びの際は「それぞれに合った学校はどこか？」という視点で選びました。また私は人事の仕事をしているので、教員用の転職サイトをよくチェックしていました。通年で教員の募集をしていたり、もうすぐ新学期が始まるというのにギリギリで募集をかけたりしているような学校は、先生が定着しない理由があるのではないか？　専任教員より非常勤の教員が多い学校は生徒のケアが行き届くのか？　校務が円滑に回るのだろうか？　などと考えながら見ていました。職業病ですね（笑）。しかし多くの学校を見ているうちに、この見方はあながち間違ってはいないと思いました。やはり先生たちの働きやすさが、良い学校運営につ

算数と国語は『コンプリーション』（エディケーショナルネットワーク）を使用。算数で解き方がよく分からないときは『中学入試算数塾技100』（文英堂）などを使いました。そのほか受験候補学校の過去問を広く使用しました。

ながっていくのではないでしょうか。

小5でいったん受験をあきらめた

4年生の間は楽しく塾に通っていました。姉とは目指す学校が違うけれど、この子に合った受験ができればいいなと思っていました。ところが5年生になって、思春期の影響もあるのか体調を崩してしまい、学校にも塾にも行けなくなってしまったのです。病院では「起立性調節障害」と診断され、この状態では中学受験はできないと思い、5年生の終わりに退塾しました。

再び受験に挑戦することになったきっかけは、新型コロナによる休校です。5年生の頃から学校に行けたり、行けなかったりという状態が続いていましたが、3月に新型コロナの感染が広まり、小学校が休校になりました。本人としては、学校に行けないという後ろめたさを感じることなく、学校に行かなくていい状況になったので、心置きなく休んでいましたね。そのおかげで夏になると娘の体調はよくなっていきました。

娘の様子を見守りつつも、今回の休校で私が感じたのは、公立と私立の学校差があまりにもあること。姉の通う学校は、私立の中でもＩＣＴ環境は遅れているほうでしたが、それでも4月中にオンライン授業が始まりました。

ところが、公立小学校はいつまでたっても課題を出すだけ。これでは学びになりません。これは先生個人の力ではなく、公立のシステムに問題があるのではないかと思い、このまま公立中学に行かせていいのだろうかと考えるようになりました。そこで元気を取り戻した本人の意思を確認し、6年生の秋から再び中学受験に挑戦することにしました。

ママ塾はうまくいかず、ママ友のお子さんに家庭教師を依頼

しかし、この時期からの入塾は難しいので塾には入れず、家で受験勉強をすることにしました。受験科目を国語と算数に絞り、2科目で受験する戦略にしたのです。初めは私が勉強を見ていましたが、教えようとすると娘とケンカになるし、そもそも勉強を始めるまでが大変で、すぐに私が音を上げました。そこで、勉強はママ友のお子さんの大学生に家庭教師をお願いすることにして、私が在宅勤務の日を中心に週2回、1回2時間ほど自宅に来てもらうことになりました。

教材は姉の受験を参考にしつつ、ゆいの学力に合ったものを選びました。市販されている栄光ゼミナールの『コンプリーション』、四谷大塚の『四科のまとめ』、サピックスの『漢字の要』などを使用しました。こうした教材選びができたのは、上の子の受験で勘どころを培えたからだと思います。

また学習の進行管理も私ではなく他の人にお願いしたほうがいいと思い、これに関しては娘が小さいときにベビーシッターをお願いし、今でも付き合いがある方にお願いできることになりました。娘がとても慕っているかたなのでモチベーションアップにもなるかと思い、娘に寄り添うコーチング的な役割をお願いしたのです。娘の性格をよく知っているので、うまく扱ってくださいました。私は学校選びや教材選びなど全体を管理する役割に徹することにしました。

受験直前期にまさかの「女子校には行きたくない！」

年明けにはおおよその受験校は決まっていました。いずれも女子校で、山脇を第1志望に、チャレンジ校、おさえ校を固めていきました。2月の本番前に、前受けとしては3校受けて、すべて合格。滑り出しは順調でした。

ところが1月の半ばに学校で女子同士のトラブルがあって、突然「女子校には行きたくない！」と言い出して……。さすがに今から志望校を変えるのはどうかと思い、「せっかくここまで頑張ってきたのだから、山脇は受けてみようよ」と説得しました。でも、このトラブルをきっかけにまた体調が悪くなってしまって、入試当日も会場にたどりつけるのか心配でしたね。結局試験は受けたものの、思うような結果にはなりませんでした。3日はどこかを受けさせたい気持ちはありましたが、まずはゆっくり休んだほうがいいと思い、どこも受けませんでした。ここで1日休んだのがよかったのか、4日の都内大学付属校で合格を手にし、進学することにしました。

中学に入り、自分で目覚ましをセットして起きられるようになった

中学に入り、初めはテンションが低く無事に学校に通えるかな……と心配していましたが、友達ができて部活動が軌道にのってからは見違えるように顔が明るくなりました。

今は自分で目覚まし時計をセットして、遅刻したくないからといそいそと早めに家を出ています。5年生から朝に起きられない日が続いたので、それを克服できただけでも大成功だと思います。

中学受験後、受験生本人に聞きました！

Case 09

山内ゆいさん

受験を終えての感想

つらかった！

中学受験で一番つらかったこと

特に目標がない中で勉強しないといけなかったこと。

親から言われてうれしかった言葉／嫌だった言葉

うれしかった言葉… あなたの人生だから自分で生きたいように生きなさいと言われたこと。

嫌だった言葉… そう言いつつ、ああしろこうしろと指示されること。

西村先生がずばり解説！ 山内家の中学受験、ここがポイント

1. 転職サイトで教員の募集状況をチェックするという親の分析力
2. 親が自分で抱え込まずに適材適所を知っている
3. 教材選びが的確で受験ママとしての才能がある

西村先生の解説▼ きょうだいで学力の差がある。実はそれほどめずらしいことではありません。このお母さんの素晴らしいところは、姉妹でも学力の違い、性格の違いがあることを認め、その上でゆいさんに合う塾はどこだろうか？学校はどこだろうか？という視点で選んでいること。姉妹の偏差値の差が20くらいあったので、50校以上の学校を訪れることになりますが、そのときの判断基準として転職サイトに書かれている教員の募集状況をチェックするというのが面白いですね。さすが、人事ママです。この見方は私も同感で、あながち間違っていないと思います。専任教員の多い学校は、自分の教科の研究がしっかりできるので授業の質が高い傾向がありますが、非常勤教員の多い学校は、別の学校や塾と掛け持ちしている教員もい

て、教科を教えることはできても、授業の質を高めていこうという気持ちは劣っていることが多いように感じます。

一方、これから進学実績を伸ばしていきたいと考えている学校では、受験ノウハウを持つ予備校勤務経験のある人を非常勤教員として積極的に受け入れ、結果を出しているところもあります。どちらがいいか悪いかではなく、その学校が何を重点に置いて授業を行っているか知っておく必要があります。

一時は受験をあきらめ、6年生の2学期に再開するというレアケースではありますが、再開後の対策はとてもよかったと思います。まず、思いきって2科目受験できる学校だけに受験校を絞ったことは正解です。塾に入れなかったのも正しい判断だったと思います。

なぜなら、この時期から塾に入れたとしても、これまで学習してきたことの復習や演習をくり返すだけで、個々の学習フォローまではしてくれないからです。はじめはお母さんが勉強を見るつもりだったようですが、早々に「これは無理」と認め、勉強は知り合いの大学生に見てもらい、モチベーションアップなど精神面のフォローは幼いときからお世話になっているベビーシッターの方に頼みました。さすが人事、適材適所を知っています。

だからといって人任せにするのではなく、自分は学校選びや教材選びなど全体管理に徹しています。そして、驚いたことに教材選びも的確なのです。上の子の受験を経験していたこともありますが、〝受験ママ〟としての才能をお持ちだと思います。山あり谷ありの受験でしたが、入学後は子どもの力を信じ、見守る姿勢にシフトチェンジできてよかったと思います。

入塾テストで不合格。「ママパパ塾」を経て小5から通塾

新小4の入塾テストでまさかの不合格。1年間は両親が基礎学習に付き添った

Profile & Data

新藤さやかさん（2021年4月より大妻中学校へ進学）

家族	父（46歳・メーカー）母（42歳・金融）長男（保育園年長）
通塾	小5から日能研
受験校	1/20 専修大松戸＝◎ 1/22 昭和学院秀英＝× 2/1 大妻＝◎ 2/2 昭和学院秀英＝×
受験総費用	約200万円
習い事	3歳～小学3年生までバレエ・ピアノ、小学1年生～4年生まで書道
受験以前の学習	年長～小学4年生まで公文

先取りして勉強していたのに、入塾テストでまさかの不合格

私も夫も中学受験を経験しています。子どもの中学受験は自然な流れで、家計を考える上でも織り込み済みでした。小学4年生からの通塾を考えていて、それまでは国語と算数を公文で先取りしていました。しかし、大手塾の入塾テストに落ちてしまったのです。まさか入塾テストで落ちるとは思っていなかったので、親の私たちがショックを受けました。

計算や漢字、国語の読解は公文で先取りしていたので安心していたのですが、算数の文章題や図形問題にあまり慣れていなかったことが一因です。問題が読めていなかったかもしれません。

そして一番大きな原因は、テスト慣れをしていなかったことかもしれません。娘はのんびりしていて、あまり焦らないタイプ。後で見たら答案の、後半がほぼ白紙だったんです。

6年生になっても「時間が足りなかったよ」と言いながら試験会場から出てくることはあって、のんびりタイプなのは結局今でも変わらないのですが、そのときは時間内に問題を解く練習をしておけばよかったなと反省した記憶があります。

夫と相談し、ママパパ塾を始めることに

このままだと、もし今後入塾できたとしてもその後ついていけなくなるのでは、中学受験自体が無理なのではないかと不安が募りました。

そこで、夫と相談して小学4年生の1年間は両親がそれぞれ勉強を見る「ママパパ塾」をすることに

しました。塾に行かず父親と二人三脚で難関中学を目指した実話『下剋上受験』の存在を知ってから、お父さんが子どもに伴走する姿はいいなと思っていて。

共働きなので毎日は無理なのですが、通塾していても4年生の場合は大手塾でも週2回です。そこで夫婦がそれぞれ週1回ずつ、曜日と時間を決めて勉強を見ることにしました。

基本は四谷大塚のテキスト。分かりにくい単元はスタディサプリやYouTubeで補足

まずはフリマアプリで四谷大塚の『予習シリーズ』の4年生のテキストを全教科そろえました。算数などは先取りが必要だと考え、5年生の分もそろえました。算数や理科は4年の単元を5年で深く進める、という単元があるので、4年生と5年生の分を連動して使うと効率がいいと考えたからです。仕事で無理なこともありましたが、基本的に月曜日の午後6時~8時は夫が算数と理科、土曜日の午前9時~11時は私が国語と社会を見る、というように分担しました。算数の植木算や理科の天体など、説明が難しい、分かりにくい単元は、動画の「スタディサプリ」や、YouTubeに上がっている学習

動画を見せていました。

私も夫も中学受験経験はあるとはいえ、自身の受験はもう30年以上前ですから、ほとんど覚えていません。なんとなく「あ、これやったかな」くらいです。ですから、教えるというより、娘と一緒に学ぶ精神で進めていました。家庭学習ではほかに『ハイクラス問題集』、漢字と計算は『マスター1095題』などを使いました。

4年の冬に日能研の一番上のクラスに合格

自宅での学習に加えてテスト慣れも必要だと考えて、四谷大塚の「全国統一小学生テスト」など外部テストも受験しました。4年生の冬に日能研の入室テストを受けて、一番上のクラスに合格し、塾通いが始まりました。

首都圏の日能研には本部系と関東系があります。関東系は課題が多い体育会系で、本部系は課題が少なめで基礎を着実に、と聞いていました。娘が通っていたのは本部系で、課題が多いと処理できないと思っていたので、合っているかなと思っていました。

通塾が始まると、まずは授業時間の長さに慣れることが大変でした。5年生は週3回授業で、模試も頻繁にあります。塾から帰宅すると疲れきってぐったりです。塾通いに一番大事なのは、もしかしたら体力づくりかもしれないと思います。最初の頃は授業の復習はもちろん、学校の宿題など全くできず、学校の宿題は翌朝の登校前にあわてて手をつける、という感じで。授業で習った復習を家でやる時間も取れなくて、リズムをつくるまでに時間がかかりました。

しかし娘が塾に行くようになったことで親に時間ができたことはありがたかったです。娘が塾に行っている間、私が家事や在宅仕事ができるようになりました。また、わが家には未就学児の息子がいるため、親が「ママパパ塾」をしていたときは、息子が構ってほしいとアピールをしてきました。

娘がリビングで勉強している間に、息子も向かい合って公文の宿題をすることもありましたが、しょっちゅう話しかけてくるので娘も集中力が欠けてしまいます。週末に私が娘の勉強を見る間は夫が息子を連れ出してくれることもありましたが、年齢が離れた上の子の勉強と下の子の世話の両立はハードでした。

低学年のうちから学校見学や文化祭を積極的に回った

塾での成績は、出題範囲が決まっているテストでは点数が良くても、範囲が決まっていない模試では成績は乱高下していました。5年生の秋にクラスが下がったのですが、新6年生の頃には戻りました。

志望校は小学校低学年のうちから、学校見学や文化祭などを回っていました。本人は共学希望で、習い事で一緒のお姉さんが通っているという理由で、昭和学院秀英に憧れていました。学校見学時も生徒が明るくて、雰囲気が良く、家族で気に入りました。一方で、私は女子校育ち、夫は男子校育ちです。それぞれ楽しい中高一貫時代を過ごして、男女別学も楽しいよ、女子校もおすすめだよ、と内心では思っていました。

大妻のオープンスクールで、施設や雰囲気、学校周辺の環境がいいし、当時の娘の偏差値の適正範囲内だったので、親の志望校リストに入れました。小5の終わりから、本人の第1志望は昭和学院秀英、親の第1志望は大妻と固まっていたような気がします。

コロナ禍で塾も休講に。テストも自宅受験

6年生になって、新型コロナの感染が拡大して小学校が休校になりました。同じタイミングで塾も休講になりました。しばらくは、「時間ができたから、今のうちに弱点を強化しよう」「これまでの模試の間違い直しをしよう」と娘に働きかけ、娘も乗り気でこれまでの復習や、苦手なところの洗い出しをしたりしていました。

しかし私も夫も在宅勤務となり、息子の保育園も休園になってしまって、家族4人が一日中家の中にいるので、なんとなく落ち着かない雰囲気がありました。下の子は遊びたがるけれども外出はできないし、私も夫も仕事をしなきゃいけないし、娘は気づいたらゲーム時間が増えているしで、早く小学校や塾が再開してほしいと切実に思っていました。

塾では4月頃から動画授業が配信されましたが、娘の反応はいまいちでした。双方向じゃないとモチベーションが持たないな、と感じていた頃にZoomでの授業がスタートしました。また、緊急事態

宣言中に対面授業ができなかったことで授業料の25％返金がありました。

テストは自宅受験になりました。自宅に問題用紙と解答用紙が届き、解いて返送します。コロナ下のため、その間下の子を外に連れ出すということもできないので、結果、下の子に邪魔されながらの自宅受験。

「塾で受けていたらもっと取れていただろうなあ」という結果になることもありました。塾が再開してからも、しばらくはコロナ関連で対面授業もあればZoom授業もあったり、一度崩れたリズムはなかなか取り戻すのが難しくて……。結局、リズムが戻ってきたかな、と感じたのは夏期講習くらいからでした。

塾の指導より早い時期に過去問に着手。手応えを感じた

塾の保護者会では「過去問は秋頃から」と説明を受けました。しかし、私たちは自分の中学受験経験から、秋からではちょっと遅いのでは……と感じていました。過去問の傾向を知ることは結構大事だと思っていたので。そこで、昭和学院秀英中の過去問を10年分ほど集めて、一番古い年度の4教科を

夏休みの後半に解かせてみました。すると、意外と国語も算数も解けていたのです。その結果、娘が「これはいけるかも！」と気分が上がったので、わが家は早く着手してよかったかもしれません。

秋から冬にかけては、通塾、過去問、模試で、週末はほぼ埋まってしまいました。それまでは模試の結果を検証し、ノートに間違い直しをする習慣をつけていたのですが、毎週のように模試を受けるようになってからは解き直す時間も取れませんでした。

この頃は、解説をさっと読み直すだけでおしまいでした。成績が出ても一喜一憂しないように心がけはしましたが、良かったときは親子で喜んだり、悪かったときは親子で落ち込んだり。受験を通して親子のメンタルは鍛えられたと思います。

受験は初日の専修大学松戸で合格をもらって安心しましたが、昭和学院秀英は残念でした。成績的には微妙なラインだったので、親としては「もしかしたら」という気持ちはあったのですが…。娘は落ち込みましたが、塾で先生たちに励ましてもらって気持ちを立て直し、東京受験を迎えました。２月

四谷大塚の「予習シリーズ」は入塾までママパパ塾で使用。「マスター1095題」シリーズの漢字と計算は、通塾後に朝の勉強習慣を付けるために活用。漢字は3周した。

1日の午前中に大妻を受けて、夜には合格が分かったので安心しました。翌日は昭和学院秀英に再挑戦しましたが結果は不合格。しかし悔いなく受験生活を終えることができたと思います。

中学受験後、受験生本人に聞きました！

Case 10

新藤さやかさん

受験を終えての感想

1月に合格と不合格を体験して、もう合格した学校でいいや、受験をやめたいと思ったけれど、あきらめなくてよかったです。

中学受験で一番つらかったこと

コロナで休校中、勉強しないといけないことは分かっていたけれど、塾も学校もないので気持ちが落ち着かなかった。

親から言われてうれしかった言葉／嫌だった言葉

うれしかった言葉… テストで成績がよかったとき「やったね！」
嫌だった言葉…「ダメでも地元の中学でトップを目指せばいいよ」

通った塾について思うこと

「ママパパ塾」はよかったけれど、教え方は先生のほうがうまいので、塾に入れてよかったと思います。先生たちから励まされたし、友達もできて楽しかった。

西村先生がずばり解説！ 新藤家の中学受験、ここがポイント

1. 無理に入塾させずにママパパ塾へ切り替えた
2. 途中からの入塾でもついていきやすい日能研を選んだ
3. 早い時期から過去問に取り組んだ

西村先生の解説▼ 両親が中高一貫校出身で、中学受験に肯定的。4年生からの通塾を考えて、公文で先取りもしていた。こう聞くと、一見有利なように感じますが、実際は入塾テストで不合格。親御さんはショックだったと思います。不合格になった理由は、塾のテストに慣れていなかったことが考えられます。小学校の勉強と塾の勉強は、学習のレベルが大きく異なります。

公文で漢字や計算は身につけることはできますが、それだけでは不十分です。3年生の夏前頃から、入塾テストに特化したドリルを使い、塾のテストに慣れておくとよ

かったと思います。

しかし、ここで「何がなんでも塾に入れなきゃ！」と無理に入塾させず、「今は基礎を固めるとき」と割り切って、ママパパ塾に切り替えたのは正しい判断だったと思います。四谷大塚の予習シリーズなどテキストの選び方も的を射ていますね。分かりにくい単元は、「スタディサプリ」などの動画を見せるというのもよい方法だと思います。

その後、5年生コースがスタートするタイミングで入塾したのは正解です。また、日能研を選んだというのも的確でした。日能研は他の大手塾と比べて、授業の進度が遅いため、途中からの入塾でもついていきやすいからです。ただ、塾に通うための体力がついていなかったようですね。塾に通わせるとなると、勉強についていけるかを心配する親御さんは多いのですが、実は体力的についていけるかというのも重要なポイントなのです。


6年生になって、新型コロナウイルスが流行し、コロナ初年度の受験ということで、不安は大きかったと思います。授業がオンラインになるというだけでなく、両親の仕事がリモートワークになったり、下の子の保育園が休園になってしまったりして、一日中家族と過ごす日が続き、落ち着いて勉強ができないこともあったことでしょう。

そんな中、早い時期から過去問に取り組んで、問題傾向をつかめたのはよかったと思います。残念ながら第1志望校は不合格になってしまいましたが、途中で投げ出すことなく、その後の入試を全うし、第2志望（親御さんからすると第1志望）の大妻中の合格を手にすることができ、悔いのない受験ができてよかったですね。家族が一つになって、さやかさんの受験をサポートしてきた様子が伝わってきました。

中学受験に否定的だった夫が、最後は入試に付き添った

5年生の2月に右手首骨折、入試本番前にインフルエンザ！不安な気持ちのまま本番に挑んだ

Profile & Data

杉本光太くん（2019年4月より駒場東邦中学校へ進学）

家族	父(45歳・金融) 母(42歳・メーカー)
通塾	小2の2月からサピックス
受験校	1/13 早稲田佐賀（特別奨学生）＝◎ 1/18 栄東（東大Ⅱ）＝◎ 2/1 AM 駒場東邦＝◎ 2/1 PM 東京都市大学付属＝◎ 2/2 桐朋＝◎
受験総費用	300万円
習い事	エレキギター(年中～小1)、書道(小2～小4)、剣道(小2～小5)
受験以前の学習	花まる学習会（小1の4月～小2の2月）、サイエンス倶楽部（理科実験教室）(小1～小4)

中学受験経験のある母と経験のない父で意見が分かれる

私自身が中学受験を経て、私立中高一貫校で10代を過ごしています。そこでの6年間はとても充実していて、生涯の友を得ることができました。

私も両親がしてくれたように、息子に中高一貫教育を受けさせ、かけがえのない仲間と有意義な学生生活を送ってほしいと思いました。しかし夫は中学受験経験者ではなかったので、どちらかというと中学受

験には否定的でした。やらせたければ君に任せるよ、といった感じで、受験のサポートほぼワンオペ。夫がしてくれたことと言えば、塾への送迎くらいです。

マイペースで幼い男の子。私が引っ張っていかなければ！

ひとりっ子の息子はとてもマイペースで、何をするにも時間がかかるんです。幼くて、言われなくてもコツコツ勉強をするタイプの子ではなかったので、家庭学習のサポートに苦労しました。

毎朝出勤前に、その日にやるべき「勉強リスト」を私が作成していたのですが、十分に時間があっても集中して勉強ができないうえ、私が帰宅すると話し相手がいることがうれしくてふざけてしまい、リストの半分ができるかできないか。「勉強しなさい！」と叱ってばかりの日々でした。

でも、ありがたいことに嫌なことは忘れて根に持たない性格のため、親子ゲンカをしてもすぐに仲直り。気分が乗っているときは、米津玄師やＱＵＥＥＮを聴いて、歌いながら受験勉強をしていました。

息子自ら「駒東に行きたい」と宣言

5年生までは、私が通っていた大学の付属中学を第1志望にしていたのですが、夫が大学受験のない付属中高一貫校への進学に難色を示し、私も息子の将来の選択の幅を狭めてしまうのではないかと考えるようになりました。

6年生の最初の塾の保護者会で、通っていた校舎から駒場東邦中学校に多数の合格者が出たことを知り、ゴールデンウイークに駒東の特訓コースを受けさせてみたところ、授業の内容がとても面白く、また応援に来てくれた先輩たちの印象もよかったようで、息子自らが「駒東に行きたい」と言い出して、第1志望校が決まりました。

しかし塾で新6年生の授業が始まったばかりの5年生の2月に、学校の体育の授業で利き手の右手首を骨折してしまったのです。鉛筆が持てないので、塾の授業を受けても無意味だとごねる息子に、校舎長から叱咤激励してもらえないかとお願いし、どうにか通わせました。治るまでの1カ月は家庭学習は私が作成したＥｘｃｅｌやＷｏｒｄの解答欄に動かせる左手でＰＣのキーボードをたたいて記入、塾のテストも左手で受けました。家庭学習がいつも以上に時間がかかり、通院に時間を取られるなど出ばなをくじかれ焦りましたが、けがをしたのが本番1年前で本当によかったと思います。

骨折に続き本番直前にまたもトラブル発生！

6年生の冬休み明け、受験をするクラスメートの中には学校を休む子もいましたが、私は受験勉強のために学校を休ませるなど本末転倒と考えており、また息子も学校に行きたいと言っていたので、休まずに通わせていました。ところが、1月の肩慣らし受験を順調に通過し、塾の平常授業もあと1日という時に、学校でインフルエンザに感染してしまったのです。

第1志望校の受験まであと9日。親子で顔面蒼白（そうはく）になりました。受験日じゃなくてよかった！　と前向きに捉えたものの、高熱が下がるまでの5日間はまったく勉強ができず、不安な日々を過ごしました。受験2日前にようやく登校許可が下り、不安な気持ちのまま本番に挑むことになりましたが、無事に合格！　直前期の追い込みで睡眠時間が削られていたので、インフルエンザにかかったことでむしろぐっすり眠れて、脳がリフレッシュされたのかもしれません（笑）。

最後は夫に手柄を取られた？

もともと中学受験には否定的な夫でしたが、６年生の12月頃に過去問の理科の直しをサポートしてほしいと頼んだら、息子の理解度や頑張りが分かったようで、それが「応援したい」という気持ちに変わったのだと思います。１月の２校の入試の付き添いを夫が買って出てくれたのです。

２校とも無事合格し、そこで自信をつけた夫はすべての入試に付き添いました。会場に向かう電車の中では、息子をリラックスさせるためにＭＰ３プレーヤーで音楽を聴かせていたようです。もし、私が付き添っていたら、あれこれ口出しをして、入試直前まで勉強をさせていたと思います。息子は多少緊張したものの、落ち着いて試験に臨めたようです。

受験に対して冷静な夫の付き添いが功を奏したのだと思います。待つ身の私は気もそぞろ。結果はうれしかったけれど、夫に手柄を取られたような一抹の寂しさもありました。

受験のサポートは大変だったけれど、目標に向かって頑張るわが子の成長をそばで見ることができて本当によかったと思います。一緒に文化祭に出かけたり、模試の帰りにおいしいラーメンを食べたり、模試の結果に一喜一憂したり、振り返ると楽しい思い出がいっぱいです。

反省している点は、「勉強しなさい！」とガミガミ言い過ぎたこと。自分は親に言われなくても計画的にコツコツ勉強をするタイプだったので、無計画で集中力に欠ける息子の行動が理解できず、叱ってばかりでした。親子だからって、同じわけではないんですよね。息子は鬼のような量の塾の勉強をきちんとこなすことはできませんでしたが、今思えば、塾に行くだけでもエライ！　大丈夫！と、おおらかに構えてあげられればよかったのになと。中学受験は親も成長させてくれますね。

普段は験をかついだりしない夫が息子のために買ってきた合格だるま。お守りも正月に夫がひとりで帰省した際に買ってきたもの。

中学受験後、受験生本人に聞きました！

Case 11

杉本光太くん

受験を終えての感想

勉強漬けの生活から解放されてホッとした。

中学受験で一番つらかったこと

SS（サンデー・サピックス）特訓で5カ月間、日曜日は1日9時間以上教室にこもって勉強したこと。

親から言われてうれしかった言葉／嫌だった言葉

うれしかった言葉…「よく頑張ったね！」
嫌だった言葉…「塾やめろ」「中学受験やめろ」

通った塾について思うこと

受験指導をしていただき、大変お世話になりました。ありがとうございました。

西村先生がずばり解説！ 杉本家の中学受験、ここがポイント

1. 前のめりなお母さんと冷静なお父さんのバランスが絶妙
2. 骨折した時期に勉強のやり方を見直した
3. アクシデントがあっても慌てることなく冷静に対処できた

西村先生の解説▼ 両親のどちらかが中学受験経験者で中学受験に肯定的なのに対し、未経験者は「小学生のうちから塾通いなんて……」「高校受験でいいじゃないか」と否定的になりがちです。光太くんのお父さんもどちらかというと反対の意見だったようですね。

そこで、お母さんが引っ張っていく形で受験勉強を進めていくことになります。ひとりっ子でマイペースな光太くんを勉強に向かわせるのに悪戦苦闘している様子が面白おかしく伝わってきます。親子バトルはあったようですが、なんだかんだ言っても仲のよい親子

ですね。また、お父さんが一歩引いて見ていたのがよかったと思います。ちょっと前のめりなお母さんと冷静なお父さん。この両親のバランスが絶妙でした。

5年生の2月に利き手の右手を骨折、第1志望校の受験まであと9日というときにインフルエンザに感染。ハプニングの連続でしたね。でも、この体験が功を奏したのだと私は思います。まず、5年生の2月に骨折をしたことで、いや応なしに動けない状態になりました。動けなくなったことで、今はジタバタしてもしょうがないと落ち着いて勉強に向かえるようになり、じっくり考えるようになったなど、これまでの勉強のやり方を見直し、修正できたのではないかと考えます。

また、本番直前にインフルエンザになったことで、十分な睡眠をとることもできました。このように「ついていない……」と思う事態が、よい結果につながることがあります。私が指導した生徒にも、特に6年生の男子に多いのですが、2学期の大事な時期にけがをする子がいます。その多くは受験によるストレスから、学校で羽目を外して、けがをしてしまうというもの。でも、そこでひとまず立ち止まることによって、落ち着けるようになるのです。ですから、この時期のハプニングに慌てる必要はありません。

受験には反対だったお父さんでしたが、光太くんの頑張りを見ていくうちに、協力的になっていきます。最後は手柄を取られたとお母さんはおっしゃっていますが、実際、お父さんの存在は大きかったと思います。親御さんから見ると幼く感じる光太くんですが、中学受験の勉強を通じて、少しずつ自分で頑張れるようになり、成長しています。そして、頑張ったことがきちんと結果に出せてよかったですね。

Column 1

小6の9月に長男が受験宣言 合格への道程は

漫画家の細川貂々（てんてん）さんは2020年1月に長男ちーと君の私立中学受験を体験しました。受験を決めたのは2019年の9月、小6の夏休み明けです。細川さんが住む関西地方では私立中学の入学試験は1月に行われるので準備期間は4カ月しかありません。それでも塾にも行かずに、夫のツレさんが勉強を教えて、見事、関西の私立中学の特進コースに合格したといいます。

一般的に「中学受験の準備は小3の2月から。親塾は避けたほうがよい」と言われる中学受験の世界で、「小6の9月からの駆け込み受験」「しかも親塾」で合格を勝ち取った細川さん親子。4カ月間の受験生生活をどのように送ったのか話を聞きました。

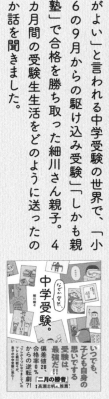

なぜか突然、
中学受験。
細川貂々
いつでも、子ども自身の思いでする受験は、最強だ!!
偏差値28、合格率0％からの逆転劇?!
"ツレがうつになりまして。"のツレと細川貂々が、息子の中学受験に挑む！
「二月の勝者」高瀬志帆氏、推薦！

細川貂々（てんてん）さん　漫画家・イラストレーター

1969年生まれ。1996年、集英社『ぶ～けDX』でデビュー。夫のうつ病闘病を描いた『ツレがうつになりまして。』のシリーズ（幻冬舎）が話題となり、映画・テレビドラマ化もされた。2008年に長男を出産後も子育て体験や生き方に関する著書を多数執筆。2020年に出版した『なぜか突然、中学受験。』（創元社）では本番まで4カ月の時点から挑んだ長男の中学受験体験を描いた。

6年生の夏休み明け、突然の「中学受験する！」宣言

ちーと君が通っていた小学校は、クラスの半分以上が中学受験をする校風。細川さんもちーと君が小4の頃から「中学受験をする？」と何度も確認していました。しかしちーと君はいつも「僕は勉強がイヤだから公立中でいい」という返事。小6になる頃には細川さんも夫のツレさんも「公立中に進んで高校受験かな」と思うようになっていました。

ところが小6の夏休み明け、ちーと君が突然「オレ、中学受験する！」と宣言したのです！

「話を聞くと仲のいい友達の多くが中学受験組だったこともあり、息子にはずっとモヤモヤがあったようです。クラスに受験する子が多いため、『公立中ではもしかしたら学

『なぜか突然、中学受験。』（創元社より）

ツルが29匹
カメが27匹!!
正解!!
じーん
頑張ってる…

『なぜか突然、中学受験。』（創元社より）

校に行かなくなるかもしれない……』と私たち親も不安に思ったことがありました。

そこで親子でよく話し合い、息子の決意に揺るぎがなかったので、家族一緒に頑張ろうということになりました。といっても私たち夫婦には中学受験の経験がないため、一体何からどうしたらいいのかまるで分かりませんでした」

「パパ塾」で130日間の受験生活がスタート

ちーと君は、小4から公立高校を受験するための補習塾に週に2回通っていました。

「そこで、補習塾の先生に中学受験をすることを相談したところ、『うちでは指導できない』と言われました。とはいえ、この時点で中学受験専門の進学塾に入ってもついていけないだろう、どうしたらいいだろうと考えたあげく、夫のツレが自分で教えると決意したのです」

中学受験は塾に通うことが前提だと思っていたので受験に詳しいママ友に相談。関西の受験事情や、塾に通わない場合の対策をアドバイスしてもらうことができました。同時にツレさんも補習塾の先生から支援してもらえることになり、こうして130日間にわたる受験生活がスタートしました。

「学校のテストはいつも80点くらいは取れていたので、息子は『自分は割と勉強ができる』と思っていたようです。しかし中学受験の試験内容は、小学校の授業で習う範囲だけではありません。補習塾の先生から譲り受けたテキストを使って勉強を始めてみたところ、何が何だかさっぱり分からなくて……」と細川さんは当時を振り返ります。

負担の少ない2教科ではなく、得意を生かした4教科での受験を目指す

駆け込み受験をする場合、勉強の負担が少ない2教科で受けるのが常道ですが、細川さん親子はあえて4教科を選択しました。

「息子の一番の得意科目が、社会だったからです。小さい頃に鉄道が好きだったおかげで、都道府県名やそれぞれの特産物は頭に入っていました。日本史も好きでマンガの『ねこねこ日本史』を愛読し

三者三様の気持ちが
じー
何かあったらすぐにとんでいかねば…
少しでも早く勉強を身につけさせたい
頑張りたい
揺れ動く毎日

『なぜか突然、中学受験。』（創元社より）

ていました」

一方、本をあまり読んでこなかったので国語の読解力はさっぱり。読解力がないので国語だけではなく、算数も文章題でも苦労したと言います。「この算数の文章題は最後まで苦手だったので、最初に出てくる四則演算だけはミスをしないようにと言い聞かせていました。漢字や計算も苦手だったので、ママ友や補習塾の先生から薦められたドリルに取り組みました。理科も得意ではなかったため、学習マンガを使って勉強しました」

『親塾はやめたほうがいい』がわが家には当てはまらなかった

一般的に「中学受験で親が教えるのはやめたほうがいい」

と言われます。親が感情的になって子どもを追い詰めてしまったり、子どもが反抗したりしてうまくいかないことが多いからです。「しかしわが家の場合は、親子バトルのようなことはありませんでした。ツレは『パパがなんとか合格させてあげる。やればできるから頑張れ』と前向きな声かけをしていましたし、息子も『パパを信じよう』と思って、ついていったのだと思います」

もちろんまったく何もなかったわけではなく、受験ならではのピリピリした雰囲気は、家の中にあったそうです。ちーと君が勉強をサボっているときに、ツレさんが「やらないと受からないぞ」と強く言ってしまうこともありました。そんなときは細川さんが「机に向かっているだけでもスゴイこと。あまりキツく言わないで」とフォローして父子の関係を見守っていたそうです。

『なぜか突然、中学受験。』（創元社より）

「そういった緊張や不安があっても、『たった4カ月の受験期間。だからこそ駆け抜けよう』という覚悟が家族全員で共有できたのだと思います。最後のほうはカレンダーに『入試まであと○日』と書いて、励まし合っていました」

塾の模擬試験や私立中学のプレテストの結果を吸収して戦略を立てる

2学期は模擬試験やプレテストを受けられるだけ受けました。プレテストというのは関西圏の多くの私立中学で行われている、本番と似た形式の試験のことです。

その学校が作成した試験を受けて、合格可能性の判定まで出るので、志望校を決める参考にされています。

「実際に教室に入って先生と接し、その学校を志望している子どもの様子を知ることができます。学校体験も兼ねられ、息子自身も学校を選ぶときの参考にしていました」

塾の模擬試験は、ちーと君の学力の現状を見るだけでなく、ツレさんが学習計画を立てる上でも役立ちました。

そしてついに出願日
10時ちょうどにネット出願する
心配性なので早く行動するのが好き
カチ
カチ
3回とも全部本命校を申し込んだよ
万が一だめだったら
プレテストで行った学校の試験が後期日程で受けられるのでそこを受験する
進め方は決まった!!
あと1ヵ月これから追い込みに入る!!

『なぜか突然、中学受験。』(創元社より)

「受験勉強を始めたばかりの頃に受けた模試では、結果が出た後に、模試を主催した塾の先生が電話をくれて『点数は伸びなかったけれど、試験慣れしていないせいだから気にしないで。プレテストもたくさん受けるといいですよ』とアドバイスをくれました。別の塾の模試を受けたときは、教科ごとに細かい注意をしてくれました」

模試やプレテストを何度も受けると、ちーと君が得意な問題と苦手な問題がはっきりしてきます。そこでツレさんは「苦手な問題は捨ててもいい。代わりに、得意な問題は絶対にマルがもらえるようにしよう」と戦略を立てていきました。

また、直前期には過去問に注力。ツレさんは志望校の傾向を研究し、こんな問題を出すだろうと予想もしました。ある学校の過去問を徹底して解いたときには、父子で「こういう問題をつくる先生は好きだなぁ」という感想を話し合ったりしていて、そういった父子での共同作業も勉強の意欲につながったようです。

志望校は「子どもが楽しく過ごせそうかどうか」を重視

4カ月という短い期間で志望校を選ばなくてはならないので、通える範囲の学校を幅広く見ようと心掛け、プレテストを受けた学校も含め、7校ほどの学校の説明会に足を運びました。重視したのは、先生の雰囲気と「子どもが楽しく過ごせそうかどうか」という点です。

「先生の話を聞いたり、その学校で息子が過ごす様子を見たりしていると、合うかどうかがなんとなく分かりました。息子はプレテストを一緒に受けた子どもたちの印象も参考にしていて、自分と合わなそうな子がいた学校はイヤだと言っていました」

もともと公立中学に行かせようと思っていたため、最初の頃は「もし第1志望に落ちたら公立でもいい」という気持ちがあったと言います。「しかし周りから『受けるからにはどこかに合格しないと子どもが傷つくよ』と言われて確かにそうだなと思ったんです。そして次第に『受験するからには1つは合格を取って私立に行かせたい』と思うようになりました」。

その気持ちはツレさんのほうがより強く、志望校や受験パターンも細かく計画を立てていたそうです。

第1志望の学校は不合格

その結果、第1志望にしたのは、周囲の人から「駆け込み受験なら偏差値的にここがいいのでは」と勧められ、実際に足を運んで夫婦ともにいいと思った学校です。本人も見学し、「鉄道研究会があるからここがいい」と志望しました。前期日程の午前・午後・午前と3回続けて受けましたが、残念ながらご縁はありませんでした。

数日後
息子は
特進コースも
合格しました
おめでとう!!
またもや
拒否
ありがとう

『なぜか突然、中学受験。』(創元社より)

実際に進学したのは、後期日程で2回受けた学校です。一般コースと特進コースを受けて両方合格しました。この学校も学校見学の際に校舎や先生の雰囲気が気に入り、自分たち家族に合うと思った学校です。

「実際入学してみると先生方の面倒見もとてもよく、息子は小学校の時に苦手だった体育の授業にも参加しています。子どもは環境で変わるんだなと実感しました。学校見学の際に時間の許す限りたくさんの学校を見て、息子に合う学校を選ぶことができてよかった、としみじみ思います」

不安はママ友との会話で解消できた

夫婦ともに初めて体験する中学受験。進学塾のフォローもなく挑んでいった4カ月間。そんな心細い時期も、細川さんはママ友と話すことで不安を解消できました。

ママ友と「つらいよね。焦るね」と言い合うだけでも「大変なのは自分だけ

細川さん親子の中学受験戦略

- 勉強は「親塾」で教える
- 母は父子関係のフォローを担当
- 得意な社会で勝負するためにあえて4教科で受験
- 苦手な問題は捨てる、得意な問題は絶対マルをもらう
- プレテスト、模試は受けられるだけ受ける
- 志望校選びでは「子どもが楽しく過ごせそうか」を重視
- 「落ちたら公立でもいい」ではなく「1つは合格をもらって私立へ」を目標に

ではない」と思えて「なるべくなら楽しもう」という気持ちに切り替えられたそうです。「大手塾に行っていないため情報不足の私に、自分の子が行っている塾の偏差値表を見せてくれたり、いろいろな情報を教えてくれたりしたママ友もいて、本当にありがたいと思いました」

中学受験というと、親同士もライバルのようになってお互いの様子に焦ったり、けん制したりすることもあるようです。「しかし私の場合は『駆け込み受験』というレアケースなので、他のママ友たちも特別扱いをしてくれたように思います」

自分で決めた選択の成功体験で自信を増した長男

「受験を通して息子は明らかに成長しました。自分で受験をすると決めてから、放課後や休日に進んで机に向かうようになりました。結果的に合格を勝ち取ったことが成功体験になり、以前より自信を持てるようになりました。自分で選択した進路だから頑張ろうという気持ちもあるようです。息子も思春期に入り、これからは自分の道を歩んでいく一方だと思います。中学受験は親離れをするきっかけの1つだったのでしょう。それをうまく手助けできたかなという満足感があります。

わが家のように短期間での受験準備はしんどいことも多いでしょう。でも、終わった後には、家庭の温かい空気や、子どもが安心して学べる環境が待っています。受験をするという決意をしたら、ぜひゴールまで駆け抜けてほしいと思います」

Part 3

中学受験
成功への
ロードマップ

中学受験をすると決めたら、戦略を立てることが重要です。4年生・5年生・6年生でそれぞれ重点的に取り組むべきこと、平日や週末の家庭学習の進め方や理想の親のフォロー法、過去問の生かし方、模試を受けたあとの解き直しポイント、子ども自身ができるPDCAによる振り返り法、子どもを追い詰めないための親の心得などについて、具体的にアドバイスしてもらいました。

中学受験 平日&週末の家庭学習理想のフォロー法

教育家・見守る子育て研究所所長──小川大介先生

塾がない日も家庭学習は必要

大手塾に入塾すると、小学4年生で週2〜3日、5年生で週3日、6年生になると週4〜5日塾へ通うことになります。しかし、「塾に行けば家では勉強をしなくていい」というわけではもちろんなく、塾がある日もない日も家庭学習は必要です。

では、塾がある日とない日では、それぞれどのような学習をすればよいのでしょうか?

塾がある日の勉強法

1. 塾がある日の家庭学習は「**授業で習ったことを振り返る**」「**時間があれば宿題と復習をやる**」
2. 塾の授業の内容は**50％くらい理解できれば**OK。ただし、**その日の夜に必ず振り返りを。**習ったことをそのままにせず、その日のうちに頭の中に残すことが重要

塾がない日の勉強法

1. 勉強に集中できる「**ゴールデンタイム**」を決めておく
2. 家での勉強時間は**6年生なら4時間、5年生は2～3時間が目安**
3. 塾のない日に**週例テスト対策**をする

中学受験を控えた小学生「理想の1週間の過ごし方」とは？

受験勉強をするに当たっての理想的な1週間とは、1週間を終えたときに、その前の週よりも知識が増え、理解が増した状態になっていることです。そのためには、まずはしっかり睡眠を取ること。そして、頭がちゃんと働く生活リズムにしておくことです。

勉強は、頭がちゃんと働き、それに加えて「心」が乗っていないと効果が出ません。心が乗っているというの

は、楽しくてやる気がある状態のことです。

1週間の「学びのサイクル」を意識する

受験勉強には「学びのサイクル」というものがあります。まず、1週間の目標を立てて授業に臨み、それを家で振り返って、演習で理解を深め、テストで結果を出す、というサイクルです。

中学受験の勉強は約3年と期間が長く、塾へ通う生活が日常化すると、通っているだけで満足してしまいがちです。けれどもそれでは知識は定着しません。塾の授業を受ける前には「今日はこの解き方をしっかり聞いてこよう」と目標を立て、気持ちを高めること。そのためにカリキュラムを毎週点検し、今日の授業では何を習うのかを頭に入れておく必要があります。

しっかり予習をするのは大変ですし、必要ありません。今日習う単元のページをパラパラとめくるだけでいいのです。それを一度見ているのと見ていないのとでは、授業の理解度も違ってきます。

塾がある日は、その日の夜に必ず「振り返り」を

とはいえ、塾の授業を100％理解できる子というのはごくわずか。授業の内容は50％くらい理解できればいいでしょう。ただし、その日の夜に必ず振り返ること。習ったことをそのままにせず、その日のうちにいったん頭の中に残すことが大事なのです。

しかし塾がある日は帰りが遅く、子どもも疲れています。もし眠くて振り返りができない場合は、親子の会話の中で、授業のことを話させるだけでも効果があります。習った単元そのものの話でなくても、授業で面白かった話や先生の様子を話すことで、「あ、あのとき、先生はあんなことを言っていたな」と思い出すことがあるからです。

また、机に向かって勉強をするのがつらいときは、テキストやノートを音読させるだけでも効果があります。要は、その日に習ったことをそのままにしておかないことです。

塾がある日の家庭学習は「授業で習ったことを振り返る」「時間があれば宿題と復習をやる」。この

2つを心がけてください。

特に4～5年生のうちは、まずはしっかり振り返りをしましょう。親子でテキストやノートを見るといいですね。6年生は、授業の振り返りは自己申告でOKです。授業の内容が理解できているようなら、親御さんがランダムに問題を出してあげましょう。そのとき、ただ答えを出させるのではなく、「なぜそうなのか?」を説明させると、理解の定着度がわかります。

6年生になったら、宿題を「○△×」で仕分ける

6年生になると宿題の量も膨大になります。そのすべてをやろうとすると、いっぱいいっぱいになってしまうので、仕分けをする必要があります。

具体的には「できているところ」に○、「まあまあできているところ」に△、「できていないところ」に×をつけて振り分けます。

そして、秋までは△や×がついた苦手分野の克服に力を入れてください。このときに子ども自身が

「分かっている」と言ったところでも、いざテストになると間違ってしまうことがあります。これは子どもの「分かる」という意味と、実際に「できる」というのがイコールになっていないことが原因です。まずはそのことを子どもにきちんと理解させることが大切です。この○、△、×の仕分けはそれを見極めるのに役立ちます。

仕分けは子どもにはやや荷が重いので、基本的には親御さんが行ってください。しかし判断ができないときは、塾の先生に相談しましょう。そのときに「今出されている宿題をきちんとやれば成績が上がるのか？」「宿題を減らし、苦手分野を克服したほうがいいのか？」についても具体的に聞いてください。この質問は、目標と現実をつなぐ道を明確にするために必要です。

塾がない日は、「ゴールデンタイム」を決めておく

塾がない日の家庭学習に必要なのはメリハリです。学校から帰ってから寝るまでの時間の中で〝ゴールデンタイム〟を決めておくのです。ゴールデンタイムとは体力と気力が残っていて、集中できる時間帯のこと。

「努力しないと解けない問題やじっくり考える問題」または「猛烈なスピードでの暗記」など、その子にとってしんどい勉強をやるのに適した時間です。6年生なら、これが1時間もあればいいでしょう。秋以降なら、本命校対策として、過去問の中の苦手な問題に取り組みます。

ゴールデンタイムに集中できたら、あとの時間帯は〝消化型の勉強〟でOK。暗記ものなどをゆるく勉強したり、または既に理解している問題を短時間で解く練習をしたりと、その子にとって負担のない学習をします。

家での勉強時間は6年生なら4時間、5年生は2~3時間が目安

納得のいく受験をするなら、6年生なら一日4時間、5年生なら2~3時間、4年生なら2時間が目安です。

4年生のうちは塾も週2~3日なので、習い事を並行して続けている子は多くいます。しかし5年生になると基礎の積み重ねに加え、その応用を学習するようになります。大手塾では授業数は週2か

ら3に増え、4年生の1・5倍もの学習量をこなさなければなりません。

野球やサッカーなどの団体スポーツをやっている子は、小5の夏の合宿が〝抜けるラストチャンス〟といって、辞めていく子が多くいます。しかしピアノなどの個人の習い事は、その子にとって気分転換になるのであれば続けさせたほうがいいでしょう。

例えばピアノなら15～30分くらい無心に弾かせてあげて、メリハリをつけて勉強に取り組ませたほうが効果的です。ただし、レッスンの日が多かったり、発表会などで時間を取られてしまったりというのであれば、一時期お休みをしたほうが賢明かもしれません。受験勉強を第一に考えるのであれば、その習い事がプラスになるかどうかで判断をする必要があります。

週末の過ごし方。4・5年生のうちは日曜は休む

受験までまだ時間がある4・5年生のうちは日曜日は丸一日休めるようにしたいですね。家でのんびり過ごし、1週間の疲れを取ったり、外で思いっきり遊んでリフレッシュしたりして1週間の区切

りをつけるといいでしょう。

日曜を休息日として確保するためには、平日をどう過ごすかがポイントとなります。理想のサイクルとしては、月〜水曜で1ターム、木〜土曜で1タームというように月〜土曜を3日ずつに分けます。そして、水曜に前半の振り返り、土曜にその週の振り返りをします。

6年生になると、日曜を使って弱点補強や志望校対策に取り組みます。テストも増えてくるので、日曜にテスト直しをすることもあるでしょう。9月からは日曜特訓がスタートするので、それまでに日曜日の過ごし方を考えておきたいですね。

週例・月例・組分け。それぞれのテスト対策は？

大手塾に通うと、週例・月例・組分けなど、大小さまざまなテストがあります。各テストの内容は次の通りです（塾によってテストの名前は異なります）。

❶「週例テスト」……その週に習ったことが理解できているかを確認するテスト

❷「月例テスト」……塾で学習した1カ月分の学習範囲が理解できているかを確認するテスト

❸「組分けテスト」……塾で学習した3カ月分の学習範囲が理解できているかを確認するテストで、その結果によってクラス分けが行われる

❹「オープン模試」……入試問題を意識したテスト。いろいろな単元が交ざって出題されるので、かなり前に習った単元やまだ習っていない単元も出題される

❺「志望校特訓模試（6年生対象）」……志望校の入試問題を意識して作成されたテスト。合不合の参考になる模試

では、こうしたテスト対策はいつ行えばよいのでしょうか？

週例テストは、先に述べた1週間の学びのサイクルをしっかり回すことが対策につながります。塾のある日は振り返りだけで終わってしまうでしょうから、塾のない日に追加して対策を行ってください。

組分けテストは範囲が広く、何が出題されるか分かりません。そんなときは、闇雲に勉強するのではなく、ある程度の山をかけることも必要です。これまでのテストで、3回に1回は出題されている単元や、授業中に先生が力を入れていた単元などを意識して学習していきましょう。つまり分析力をつけることが大事になってきます。

この山をかけることが上手になると授業の聞き方もうまくなるはずです。授業中、先生の力の入れ方を見て、「あ、ここは次の組分けテストに出そうだな」と意識して聞けるようになります。

テストを受けるときは、まず「目標を立てる」ことが大切です。そして、それを達成するためには何をすべきか考え、行動する。同じ勉強でも「生涯学習」と「テストを突破するための学習」では、勉強のやり方が違うということを知っておくといいですね。

そしてテストの後は、必ず振り返りをしましょう。そのとき「どれだけできたか?」という結果だけでなく、「事前に立てた見通しはあっていたか?」「作戦通りできたか?」などという視点で自己採点をしておくと、次のテストに生かすことができます。

4年、5年生の基礎「子ども任せ」は受験直前の失速のもと

家庭教師「名門指導会」代表 ― 西村則康先生

計算や漢字や熟語は「ちゃんと」しないと定着しない

受験学年ではないので親としてはまだ心に余裕があるけれど、日に日に授業の内容が難しくなってくる小学校4・5年生のカリキュラム。塾には真面目に通っている。それなのに学力がいまひとつ伸びない……という不安を抱いていないでしょうか。

頑張っているのに成績が上がらない場合、その大きな要因は「基礎力不足」です。特に4・5年生の場合は、算数なら計算力、国語なら漢字や熟語などの語彙力を訓練することで、テストの点数は必ず

4・5年生の学力。基礎力強化のポイント

1. 難しい問題は塾に任せ、**家庭では基礎に徹する**
2. **「あと少し頑張ればできそうな問題」**に力を入れる
3. 4年生は**各教科の基礎**、5年生は**算数**に力を入れて

上がってきます。

「それは毎日やっている」と保護者のかたは思うかもしれませんが、ただやるだけでは効果はありません。「ちゃんと」やらなければ、定着はしていかないのです。この「ちゃんとやっている」のがどういうことなのか、理解していない親御さんが多いように思います。

まず計算や漢字などの勉強。これらは応用問題よりも簡単でルーティンな学習のため、子どもに任せても大丈夫と思いがちです。実際、丸付けもすべて子どもに任せているという家庭も多いことでしょう。

しかし、私はこれらの学習こそ、親御さんがしっかり見てあげるべきだと考えています。なぜなら、ここをおろそかにしてしまうと、基礎学力でつまずいてしまい、その先の応用に対応できなくなってしまうからです。

親がチェックするポイントと声かけ法

① 子どもが書く「数字」をチェック

算数の計算は、正しく数字が書けているかをチェックしてください。中には「0」と「6」の見分けがつかないような数字を書く子がいます。試験中でも、自分が書いた数字を読み間違えて計算ミスをする、ということはままあります。

そういう子には、「ちゃんと書きなさい！」と言っても、なかなか直りません。具体的に「0を書くときは、出発点のところにぴったり戻るんだよ」と教えてあげるといいでしょう。そのときに、叱りつけるように言うと、子どもはやる気を失い、「あ〜、勉強って面倒くさい」と思ってしまうので注意してください。「あれ、これはどっちなのか分からないね」と、明るく笑い飛ばすような感じで、優しく指摘してあげるのもコツです。

また計算を書くスペースをうまく使えていない子もいます。始めにたくさんスペースを使いすぎて、最後は書くスペースがなくなってしまう。小学4・5年生にはよくあることです。
そういう場合も、全体のスペースを把握させて、「こういうふうに書くといいよ」と教えてあげましょう。

そんなことまで親がいちいち教えてあげなければいけないの？と思う親御さんもいるかもしれませんが、実はこうした基本は塾ではあまり教えてくれないのです。そして、のちのちの入試にまで影響してくる大切なことなのです。

親がチェックするポイントと声かけ法

②計算問題の範囲は塾のテキストでOK

サピックスでは「基礎力トレーニング」、日能研では「計算と漢字」、四谷大塚では「予習シリーズ計算」など、塾ごとに使用している計算問題集があります。教材はあれもこれも手をつける、ではなく、通っている塾のテキストを使いこなしましょう。基本の計算問題集をやっていれば十分です。

計算問題集の中には、植木算やつるかめ算などの1行問題も含まれていますが、ただ公式に当てはめて計算するのではなく、なぜその式になるのか理解できているかどうか確認をすることが大切です。「植木算はどうして1を引くの？　お母さんに教えてくれる？」などと、お子さんに時折質問をしてみてください。

そこでしっかり説明をすることができれば大丈夫です。しかし「だって、塾の先生がそうやりなさいって言っていたから」という答えが返ってきたときは要注意です。理解していない可能性があるので塾のテキストに戻りましょう。

このように、4・5年生は基礎を身に付けることが大事なのです。極端な話、家庭では基礎さえしっかり見ればいいのです。難しい応用問題は塾に任せたほうがいいでしょう。親が何でもやろうとすると、負担になってしまうし、基礎よりも応用をたくさんやらせたほうがいいと勘違いしてしまうからです。とにかく4・5年生のうちは基礎を固めることに注力しましょう。

小学4・5年生の学習目標は月例テスト対策から

中学受験の勉強は、小学3年生の2月から入試本番まで、約3年間かけて準備を進めていきます。最終目的は志望校に合格することですが、4・5年生にとってはまだ先のこと。では、何を目標に日々の勉強に取り組んでいけばよいのでしょうか?

繰り返しになりますが、4・5年生の学習目標は基礎を固めることです。複数のクラスがある大手塾の場合は塾のクラスアップを目標にしてもいいでしょう。

そのためには、まずは月例テストの対策を考えましょう。月例テストはあらかじめ日程も決まっているし、出題される範囲も分かっているので、対策は取りやすいでしょう。

とはいえ、塾の授業では毎回、新しい単元を習ってくるので、4週間前に習ったことを忘れてしまうのはよくあること。そのため、テストのための勉強時間も確保しておく必要があります。しかし、すべてを振り返る時間はありません。そこで、学習の取捨選択が必要になります。

③ 子どもの理解度を確認する

学習の取捨選択のやり方でおすすめの方法は塾のテキストを振り返り、もう十分に分かっている問題には○、だいたい分かっているけれど、まだちょっと自信がない問題には△、まったく理解できていない問題には×をつけることです。

このときに一番見直すべきところは、「あと少し頑張ればできそうな△の問題」です。100点を目指そうと、難しい応用問題ばかり解こうとしても、基礎があやふやでは確実な点は取れません。まずは、理解している問題は必ず正解する。そしてあと少し頑張ればできそうな問題は、できるだけ○を増やす。そこができるようになれば、テストの6～7割は点が取れるようになります。また「36の公約数は何？」など頻出する問題は、パッと答えられるようにしておきましょう。

つまずいている単元は遡って見直しが必要なことも

もし5年生の面積でつまずいてしまっているときは、4年生で習った図形を理解できていないのかもしれません。もう一度前に戻って確認し、図形の定義を復習するといいでしょう。線対称の理解が不十分な子は、折り紙を使って実際に折って広げてみて納得させるなど、ほんの少し強化することで、苦手意識がなくなり、理解を深めることができます。

理社の対策は、テキストをじっくり読む時間をつくるようにしましょう。理社というと、暗記科目と考える親御さんは少なくありませんが、近年の中学入試では、一問一答形式の問題はほとんど出ず、なぜそうなるのかといった理由や因果関係を問う問題になっています。そのため、特に社会はストーリーで覚えることが重要になっています。

また、理科の生物分野については、個々で覚えるよりもカテゴリーを意識して覚えるといいでしょう。こうした内容は、塾のテキストにはうまくまとめられています。それを隅々までしっかり読んでおくことが一番の対策になります。

塾によって異なる夏期講習の内容

夏休みになると、各塾では夏期講習が行われます。ひとくちに夏期講習といっても、塾によってその中身はまったく異なり、学習の進め方も変わってきます。

たとえば、日能研であれば前期に習った内容をもう一度復習します。同じことを2回学習するので、理解が不十分だった子にはとても有意義な講習になりますが、すでに十分理解できている子にとっては退屈に感じてしまうかもしれません。現時点での学習理解度によって、参加の有無を検討してもいいでしょう。

四谷大塚や早稲田アカデミーは、前期の復習が半分、新しい単元が半分といったカリキュラムになっています。けれども、新しい単元については、後期でもう一度学習するので、仮に休んでしまったとしても、後れを取ることはありません。

一方、サピックスは夏期講習でも先へどんどん進んでいきます。一度学習した単元を後期でもう一度やることはありませんので、必ず参加するようにしましょう。このように、各塾によって夏期講習のカリキュラムは大きく異なります。

中学受験にとって大切な5年生の算数

中学受験の勉強でもっとも重要な内容が、5年生の学習内容です。

5年生では「速さ」「比」「割合」など、中学受験の算数で最も重要な単元を習います。特に「比」は5年生の段階できちんと理解できていないと、6年生で「速さと比」「図形と比」などの融合問題が出たときにとても太刀打ちできません。ここでつまずいてしまうと、その先で挽回するのは難しくなります。

その「比」を理解するためには、その前の段階で学習する「割合」をきちんと理解しておく必要があります。そこが曖昧な理解だと、「比」を理解するのは難しいでしょう。「割合」は1学期の6月に学習するカリキュラムを組んでいる大手塾が多いようです。

中学受験の勉強は、学年が上がるごとに量が増え、内容が難しくなります。5年生になると、理科の単元も計算が入って難しくなり、社会では歴史が始まり、覚えることがたくさんあります。しかしなんといっても**5年生の学習で一番力を入れるべき教科は、算数**です。特に「速さ」「比」「割合」の3分野は中学入試に必ず出ますので、ここは間違いなく押さえておきましょう。

4年生は各教科の基礎を固め、5年生は特に算数の学習を重視する。入試本番はまだ先ですが、各学年それぞれの学習に大きな意味があることを知っておきましょう。

中学受験 賢い家庭はやっている 模試の生かし方

偏差値や合格可能性の数値だけでは見えてこない大事なポイントをプロが伝授

家庭教師「名門指導会」代表——西村則康先生

模試の結果は数値だけを見ていてはダメ！

中学受験では、多くの塾で5年生の3月から「合否判定模試」が始まります。この模試は、志望校の合格可能性が現時点で何%であるかが判定され、志望校を選ぶ上での貴重な判断材料となります。6年生の12月まで通算4～7回実施され、本番が近づくにつれて現実味が増します。

合格率は20～80%と幅があり、その数値の変動で一喜一憂する親子がいますが、注視すべきはそこ

合格につながる模試の生かし方

1. 偏差値だけでなく
「どこをどのように間違えたのか」を確認
2. **「あとどれだけ点数を取れば合格ラインに入れるか」**
に注目
3. 6年生の11月以降は模試ではなく
過去問に力を入れる

だけではありません。実は模試の結果には、苦手克服や得点アップにつながるさまざまなヒントが隠されているのです。

模試の結果が返ってくると、おそらく多くの家庭で真っ先に見るのは偏差値や志望校合格のパーセンテージだと思います。そして、今回は「上がった」「下がった」とこだわってしまうのではないでしょうか。

しかし見るべき箇所はそこだけではありません。偏差値や合格可能性は結果であって、その数値を見ただけでは、成績を上げていくことはできないからです。

模試の後、まず注目すべきところはお子さんが書き込んだ解答や、問題用紙に残されたメモや下線、傍線、そして計算の跡などです。お子さんがどんな問題でどんな間違いをしてしまったのか、その原因は何かを突き詰めていかなければ、次に生かすことはできません。

模試の結果から次に生かすべきポイント

① 今すぐ得点アップにつながる問題を見つける

② 今は解けているけれど、この先忘れてしまいそうなところをチェックしておく

①は少し気を付ければ、得点が取れていたはずの問題です。「計算間違い」「図が描けていなかった」「問題文を読み飛ばしていた」など、テスト終了後、家で親と一緒に振り返ってみると「これは解けたな」と思われるもの。悔しいミスですね。でも、これらはすぐに修正していけば、次の模試では確実に点数アップにつなげていくことができます。「あぁ、やってしまった……」で終わるのではなく、「次は絶対にミスしないぞ」という気持ちで振り返りましょう。

また、正解した問題も放置していてはいけません。②は今回は運良く正解できたけれど、この先忘れてしまいそうな、やや不安な問題です。

今回の模試では「○」だけど、もしかすると入試本番では「×」になってしまうかもしれない……。そう思ってしまうのは、「納得した上での理解」まで到達していないから。そこをきちんとクリアしていかなければ、本番で確実に点を取ることができません。分からない状態をそのままにせず、ここでもう一度しっかり復習しておきましょう。

このように、お子さんの解答には次に生かすべきヒントが隠されているのです。今の中学受験の問題は、大人でも難しく、問題を見てもさっぱり分からないという親御さんが多いのは当然なのです。解説を読んでも全て理解できるとは限りません。それでも、お子さんが学習している内容やレベルを知るのはとても大事です。問題の中身も見ずに、ただ数値による結果だけを見て、お子さんの出来を判断してはいけません。

合格最低点まで「あと何点足りないか？」をチェック

模試ではもう一つ、見るべき大事なポイントがあります。それは、「志望校に合格できる可能性がどのくらいあるか？」という点です。模試の結果を見ながら具体的に「志望校の目標点とお子さんの点数差」をチェックしてみるのです。

点数差の見方は、お子さんの今の学力レベルによって変わってきます。合格可能性50％以上の場合は、見るべきものは合格可能性ぎりぎり80％の得点です。この得点は、入試本番における合格者平均点に近いのです。合格可能性が20％以上50％未満の場合は、見るべきものは「合格可能性60％」の得点です。この得点は、入試本番での合格最低点の一つの目安になります。

たとえば模試結果で志望校の合格可能性が「55％」だったとします。このとき合格可能性80％の点数が「３３０点」で、お子さんの得点が「２９０点」だとしたら、あと40点取れれば確実に合格ラインに届きますね。

このように模試の結果は、「点数をあとどれだけ取れば合格ラインに入れるか」に注目します。ちなみに合格可能性55％というのは、中学受験ではかなり見込みがある状態です。

次に合格可能性が20％以上50％未満の場合です。現時点では合格レベルに達していないけれど、まだ挽回の見込みが十分にあります。なぜなら中学受験では満点で合格する子はほとんどいません。合格最低点ギリギリの合格者が一番多いのです。そのためまずは、合格最低ラインに届くことを目標にしましょう。

もうひとつ合格最低ラインの目安を見つける方法があります。たとえば、受験倍率が3倍の学校で、志望者平均点が250点、合格可能性80％の点数が350点だった場合、そのちょうど間にある300点を取っておけばぎりぎり合格はできそうだと考えるのです。そして、その300点とお子さんの得点にはどのくらいの差があるかを見て、その差を埋める勉強をするのです。

一番得点を上げやすいのは「算数」

中学受験の合否は4教科の総合点で決まります。どの教科もまんべんなくできるという状態が理想ですが、目標を「合格」に絞れば、すべての教科の点数を上げる必要はありません。

お子さんの現時点の学力を見たときに、国算理社の4教科のうちのどの単元で、どれだけ点数をアップできそうかを考えてみます。例えば、お子さんが合計であと50点足りない場合、算数の立体図形であと25点、理科の動物の分類であと10点は取れそうだな……といった感じで、確実に点が取れそうな単元を探っていくのです。

総合点なので、どの教科で点を上げてもいいのですが、一番得点を上げやすいのは算数でしょう。なぜなら、算数は1問の配点が他の教科より大きいからです。逆に国語は、素材のテーマによって点数が変わってしまいやすいので、確実に点を上げる教科としては難しいかもしれません。

こうした戦略をぜひ親子で立ててみてください。とはいえ、それをすべての親ができるかといえば、難しいかもしれません。そういうときは、塾の先生に質問をしてみましょう。ただし、そのときの聞き方が大事です。

模試の結果を次に生かすには、親の質問力も重要

よく「うちの子はどうしたら成績が上がるのでしょうか?」「〇〇中に合格するには、どうしたら

いいのでしょうか?」といった質問をしてくる親御さんがいますが、そういう質問はナンセンスです。聞かれたほうも、何をどう答えていいのか分かりません。

漠然とした質問には、一般的な回答しか期待できません。しかし「○○中の算数の模試の点数をあと20点上げるには、何の単元をどのレベルでやればいいのでしょうか?」と具体的に聞くと、塾の先生はきちんと教えてくれるでしょう。先生に質問をするときは、その教科の先生に質問し、教科ごとの対策を考えましょう。

正答率40%以上の問題で×は痛手。御三家志望なら30%の問題も正解を

模試の結果から、どの教科のどの単元を補えば、得点につながるかをすべて親が判断し、解決策を見つけるのは難しいのですが、親が簡単にでき、しかも、大切なことがあります。それは正答率に注目することです。

各問題には、その問題の全体正答率が表示されています。受験者のうち、何パーセントが正答でき

ているか、という数値です。この正答率が高ければ、その問題は多くの子が正解できる基礎的な問題であることを意味します。そこを間違えてしまっていたら、お子さんはその単元の基礎が理解できていないという可能性が高く、直前期では大きな不安要素になります。

上位校志望なら、模試の正答率40〜100％の問題は解けるようにしておかなければなりません。御三家志望なら正答率30％の問題も解けるようにしておきたいですね。

上位校志望の子が得点を上げるには、正答率40〜100％の問題のうち、「何問間違えたか？」を見ていくのがポイントです。間違えた問題、解けなかった問題が何問あって、そこで何点不足しているのか？　どの単元でつまずいてしまったのか？　一つひとつ確認をし、それを補強していくのです。正答率の高い問題は絶対に正解できるようにします。そこをクリアしていくだけでも、かなりの得点アップにつながるでしょう。

11月中旬以降は、模試ではなく過去問でレベルアップを目指す

合否判定模試は、6年生の12月が最後になります。合否判定模試は、実際に受験する志望校の合格

可能性がどのくらいあるかが判断されるテストなので、親子共にとてもプレッシャーになる模試だと思います。「合格可能性25～30％」なんて数値が出てしまうと、もはや見込みがないと思ってしまいがちですよね。

しかし小学生の子どもは成長過程の途中段階にあるので、最後までどうなるかは分かりません。直前期でグンと伸びる子もいますので、最後まであきらめないことが大事です。

また、合否判定模試は、志望校選びの判断材料にはなりますが、実際の入試とは異なります。合否判定模試ではよい結果が出ていたとしても、実際の入試問題が、その問題傾向と大きくかけ離れている場合もあります。志望校が絞られてきたら、模試ではなく、志望校の過去問に挑戦して、レベルを上げていくようにしましょう。

つまり、直前期になったら、勉強のやり方を変えていくのです。苦手単元の克服は11月中旬までを目安にし、それ以降は4教科の総合点を上げていく勉強に切り替えます。苦手単元の勉強ばかりやっていると、子どもはモチベーションが下がり、逆に総合的な点数が下がってしまう恐れがあります。

11月以降は4教科の総合点をバランスよく上げていく勉強に切り替えていきましょう。そして、11月からは得意科目を多くやり、気持ちよく勉強できる環境を整えます。この時期は、子どもに自信を持たせることが大事です。

11月中旬以降は、模試ではなく過去問でレベルアップを目指していきましょう。この時期になったら、「学力」ではなく「得点力」を上げていくことに専念します。

中学受験の最終目標は、志望校に合格することです。そのためにはその学校に合ったレベルの内容を勉強することが大切。基礎ばかり勉強させたり、難問ばかり解かせたりしても意味がありません。合格するための勉強にシフトチェンジさせましょう。

子どもが自主的に勉強する「PDCA」学習計画表

人材育成コンサルタント ― 清水久三子さん

「PDCA」を使いこなせば子どもが主体的に勉強するようになる

小学生がチャレンジする中学受験は、高校受験や大学受験とは異なり、子どもがまだ精神的に幼いため、親のサポートが必要になります。そう言うと、「うちは共働きだからムリ」と考える人がいるかもしれません。

一般的に中学受験の勉強は、塾の受験カリキュラムがスタートする小学3年生の2月から6年生の入試本番まで約3年間かけて準備をしていきます。

このプロジェクトを円滑に進めるには、仕事と同じで長期的な目標と短期的な目標、そして日々の

PDCAを取り入れた学習計画表の例

		5月17日	
やることリスト①	ルーティン	漢字・計算	
やることリスト②		Plan	Do
	そのほか 国語：文法 算数：面積の練習 理科：生物の復習 社会：九州の復習	やることリスト②から記入	どうか○×入れる リストをやったか

Check	やってどうだったか
Act	次にどうするか

計画が重要です。このように実は子育てに生かせるビジネススキルはたくさんあります。私は子どもの中学受験で「PDCA」を取り入れました。PDCAとは、Plan（計画）、Do（実行）、Check（振り返り）、Act（改善）の略で、業務の継続的な改善を目的とした仮説検証サイクルです。

ＰＤＣＡは中学受験の学習計画にぴったり！

わが家はこのＰＤＣＡを子どもがうまく回せるようになったことで、親が付きっきりで受験サポートをしなくて済みました。正しいＰＤＣＡは実行する人自らが『こうしたらよいのではないか』という仮説を立てて（Ｐｌａｎ）、それを強制されることなく実行し（Ｄｏ）、行動の良い点と悪い点を振り返り（Ｃｈｅｃｋ）、次はどうすればいいか改善案を考えるもの（Ａｃｔ）であって、ほかの誰かが立てた計画を無理やり実行させられるのはＰＤＣＡではありません。

とはいえ、精神的にまだ幼い小学生が、これらすべてを自分自身で行うのは難しいでしょう。そこで初めは親がしっかりサポートをしてあげる必要があります。

中学受験でＰＤＣＡを回すポイント その❶

子ども自身が１週間単位の学習計画を立て、Ａ３の紙に書く

学習計画を『見える化』しておくと、その日にやるべきことが明確になり、かつできたときは子ども自身が達成感を得ることができます。

そのためにも1週間のスケジュールは、子ども自身に決めさせましょう。あらかじめ、191ページの「やることリスト①」のところに、やるべき勉強を具体的に書いておきます。そして、その日にやるべきことをそこから選び、「Plan」に書きます。

またこのとき「できたらいいな」という理想を書くのではなく、実現可能なものを書くことがポイント。今の実力では到底できないようなことを挙げても意味がありません。

たとえば勉強計画は1時間、2時間と長めに設定せずに30分単位で設定します。人間の集中力は長く続かないので、25分勉強、5分休憩といった感じで、メリハリをつけたほうが効果的なのです。

中学受験でPDCAを回すポイントその❷

大切なのはCheck（振り返り）

スケジュール作成に注力しすぎると、それを遵守することが絶対になって、計画を変えること＝悪いことと思いがちです。Planを立てるのはお子さん自身でも、そこに無理がないかどうかは親が確認するといいでしょう。

次にCheck（振り返り）です。「やってどうだったか」について書く欄で、これはPDCAを回す上で非常に重要になります。ところが、ここで多くの家庭が間違いを犯します。

たとえば計画を立てた宿題を子どもがやっていないとします。このときにそれを指摘し、ただ責めるだけでは振り返りにはなりません。むしろ、子どもは嫌なことを言われて、気持ちが落ち込んだり、やる気がなくなったりするだけで、改善にはつながりません。うまくできなかったときこそ、親の声がけが重要なのです。

怒るのではなくこの場合ベストな方法は「これはいつやろうか?」と子どもに問いかけることです。するとこどもは、「できると思っていたけど、算数のドリルで予想外に時間がかかってしまったな」「もう少し早く解けるようにするにはどうしたらいいのだろう?」「どこの時間を削ったら、できたのだろう?」といったように、自分で考えるようになります。

振り返りとは「できなかったことを責める」ことではなく、このように「子どもが自分で振り返られるようになる」ために行うべきもの。ここを間違えてしまうと、せっかくのPDCAがうまく機能しません。

「なんでこんな問題ができないの!」はNG

勉強は「丸をつけたら終わり」ではありません。受験勉強とは「できない問題ができるようになること」だということを、親はしっかり教えてあげる必要があります。間違えたところができるようになるのが受験勉強なのですから、くれぐれも親は子どもに「なんでこんな問題を間違えるの！」と叱ってはいけません。

こうしたときにこそ大切なのが、Ｃｈｅｃｋ（振り返り）です。振り返りで行うべきなのは、まずはできているところを褒めること。そしてできていないところに関しては、「あれ？これはできる問題じゃない？　もしここで点が取れていたら、合格点に達していたかもね」といったように、子どものモチベーションを上げる声かけをしましょう。

子どもはそのように声をかけると、「次は計算ミスをしないように気を付けよう」「内容が複雑な問題は、ポイントに線を引いておこう」といったように、自分なりの改善策を考えて実行できるようになります。

このようにして、自分で計画を立て、実行し、振り返り、改善策を考えることがＰＤＣＡなのです。自分で考えたことがうまくいくと、モチベーションアップにつながり、ＰＤＣＡを回すことが楽しくなってきます。そうなったら、しめたものです。

自転車に乗るように「いつの間にか」できるようになるのを目指す

もちろんこれは、初めはうまくいきません。でも、最初にしっかりやり方を教えておけば、自然と子どもが自分で回せるようになります。自転車もそうですが、初めに親がしっかりサポートをしてあげると、何回か転ぶことはあっても、いつの間にか自分でこげるようになりますよね。

勉強もそれと同じで、はじめだけしっかりフォローしてあげれば、次第にうまく回っていくようになります。ただ、中学受験の勉強は学年ごとに内容がハードになっていきます。

また、夏休みなどの長期休暇や、6年生になってからの入試対策など、所々で通常授業とは違う内容になります。学年が上がるタイミングや何か特別なことが始まるときは、それに合わせたＰＤＣＡに切り替えることが大切です。その際も初めだけ親がフォローしてあげるといいでしょう。

しかし「そんなふうにうまくいったのは、人材育成のプロだからでしょ」「うちは無理。そんなに冷静ではいられない」と思う人も多いと思います。

最初は「わが子のために」と思って始めた中学受験のはずが、気がつくと毎日ガミガミ怒ってばかりいて……。そんなジレンマを抱えている受験親は、あなただけではありません。

子どものやる気をアップさせる言葉がけとは

中学受験の勉強をうまく進めていくコツは、子どもが自ら机に向かうようにすることです。そのための方法として、先のＰＤＣＡを紹介しましたが、それともう一つ大事なことがあります。それは「親が心に余裕を持つこと」です。

テストの結果が悪かったときや、勉強をやらないとき、子どもを叱りたくなるでしょう。しかし叱られたことをバネに頑張る子どもは少数派。大半の子はやる気をなくし、それがまた勉強にも影響し、成績低迷から抜け出せなくなります。

大げさかもしれませんが、「子どもを叱ると、偏差値が5ポイント下がる」と塾の先生たちがよく言います。そう言われるほど、子どもの心は親が思うよりも繊細なのです。

ですから、私はどんなにイライラしたときでも、できるだけ感情に任せて叱らないように心がけました。よく言われるたとえですが、コップに水が半分入っているのを「半分しかない」と思うか、「半分も入っている」と捉えるか。それによって子どもにかける言葉も変わります。

たとえテストで目標の半分しかできていなくても、「目標の半分はできたね」と、まずはできたことを褒めるのです。その後で、できていないところを指摘するのではなく、「これとこれができていれば偏差値5アップで目標に届いていたね」とギャップを教えて伝えてあげます。そうすれば、子どものやる気を奪うことはありません。

親がストレスをためない4つの工夫

しかしそのためにはまず、親自身の心が安定していなければ難しいでしょう。

私は娘が中学受験を始める前に、子育ての先輩ママから中学受験の大変さをよく聞いていました。それを自分がやるとなると、相当ストレスがたまるだろうなと思い、自分が機嫌よくいられるための工夫が必要だと感じました。ストレスをためないため、以下の4つのことを心がけました。

親がストレスをためない4つの工夫

❶ 疲れをためない
❷ 可能な範囲で仕事を減らす
❸ ストレスを感じる人間関係を減らす
❹ 面倒なことは思い切って減らす

誰でも疲れているときは、怒りっぽくなったり、ネガティブになってしまったりと、感情のコントロールができなくなります。私は疲れていると何も考えられなくなるので、マッサージや鍼灸（しんきゅう）などへ定期的に行っていました。また、子どもの受験一色にならないように、自分の好きなことをやる時間も確保するようにしました。

受験親をストレスに追い込む一因には、多様な情報があります。今の時代は、中学受験に関する情報だけでも、塾、学校、ママ友、SNSなど、実にいろいろな情報があります。それらすべての情報を追うことに振り回されると、心が疲弊します。これはビジネスでも言えることですが、このような状況に置かれたときに大事なのが、俯瞰的な視点を持つことです。

たとえば塾。私は塾の情報をすべて鵜呑みにしないほうがいいと思います。受験校を選ぶ際に塾は難関校を勧める傾向があります。これは子どものことを思って勧めてくれているのかもしれませんが、なかには進学実績を伸ばしたいだけの場合もあるので、親としての冷静な判断が必要です。

志望校に合格を果たした先輩ママ友・パパ友の存在が心の安定に

自分にとって一番有力な情報をくれ、かつ心の安定につながったのは、先輩ママ友やパパ友のアドバイスでした。受験を終えた先輩の話は、現実味がある上、既に経験済みなので、個々のノウハウを惜しみなく教えてくれます。これに対して「同じ受験生の親」であるママ友の情報を鵜呑みにすると、かえって不安が増すこともあります。私はママ友とは適度な距離を保つようにしていました。

志望校に通っているお子さんがいる先輩ママ友やパパ友はリアルな学校情報を教えてくれるので、

とても参考になりました。また、苦しいときも経験しているので、こちらの気持ちにも共感してくれ、何度も励まされました。

同じことは子どもにも言えます。中学受験の準備期間は3年間と長く、いつも同じモチベーションで頑張ることはできません。成績が下がったときは自信をなくしていたし、学校行事などで忙しいときは心身が疲弊し、勉強するのがつらそうなときもありました。そんなときに、今現在志望校に通っている先輩を紹介してもらい、学校について話を聞かせてもらえる機会を得ました。すると、娘はがぜんやる気を見せ、頑張るようになったのです。憧れの学校に通う先輩の話ほど、モチベーションアップにつながるものはありません。このようにして、親子でうまく先輩のアドバイスを聞けたことが、成功につながったのではないかと考えています。

中学受験で身についたＰＤＣＡは一生もの

「受験勉強で身についたＰＤＣＡは、子どもが中学生になった今も活用されていて、それこそ今はすべて本人に任せても大丈夫な状態になっています。中学受験で身についたＰＤＣＡは一生ものだと感じています。

また、3年間の受験期間は、親子でたくさん話し合いをしました。いいときも、悪いときも、親子で向き合ったことで、家族の信頼関係が強まったと感じています。そして、何よりも学力がつきましたね。中学受験をする、しないは各家庭で判断すべきことですが、わが家は中学受験をしてよかったと思っています。とはいえ、どんな家庭でも、途中で迷うことがあると思います。そんなときは、なぜ中学受験をさせたいと思ったのか、もう一度振り返ってみてください。このなぜ？を認識して、希望をかなえることこそが、中学受験をする目的であり、長期戦の原動力になります。

『働くママの成功する中学受験 仕事と勉強サポート 両立メソッド100』（世界文化社）は、清水さんが自身の仕事と中学受験サポートの両立メソッドをまとめた一冊。

中学受験本番で実力発揮するため直前期にすべきこと

教育家・見守る子育て研究所所長 ― 小川大介先生

過去問に最後に取り組むのは、本番1週間前。本番を意識して行う

過去問は第一志望校なら過去5年、併願校なら過去2～3年分取り組むのが一般的です。最後に取り組むのは、本番1週間前。まだ手をつけていない直近3年のうちのどれか1年の過去問に、本番を意識して取り組みましょう。

また過去問に取り組む日の前日には、どのように解くか、4科目をどう配分するかなどしっかり戦略を練ります。そして、解くときは開始時間も休憩時間も当日と同じ時間に設定します。日ごろから

うっかりミスが多い子は合格最低点からプラス10点を目標に、ややチャレンジの場合は合格最低点を目標に取り組んでみましょう。

なぜ1週間前がいいのかというと、あまりギリギリのタイミングで取り組むと立て直しの時間が足りなくなるからです。しかし残りあと1週間あれば、立て直しが可能です。本番を意識して解いてみたのに、「あれ?」という問題で間違えてしまうことがあります。「あれ?」というのは、普段なら解けているはずの問題を焦ってミスしてしまったなど、想定外の事態を指します。

この想定外のミスが、中学受験では合否に大きな影響を与えます。直前期にそういうことが起こると親子で焦りますが、ここは冷静に受け止め、気持ちを整えながら勉強をし直し、不安要素をなくすことが大事です。間違った単元を集中的にしつこく見直し、「よし、これでいいだろう」とある程度の区切りをつけて本番に挑みましょう。

このときに気をつけてほしいのが、すべてを完璧にしようと思わないことです。中学受験では満点で合格する必要はありません。直前期になったら、正解率の低い難問は捨てる覚悟で、正解率の高い問題を確実に解答することに目を向けてください。

直前暗記が効果的な理科・社会は、子どもが得意な覚え方で知識を定着

首都圏の中学受験は、国語・算数・理科・社会の4科入試が一般的です。中でも算数は得点の差が開きやすい教科なので、中学受験では算数が得意だと有利とされています。

そのため、受験生は算数の勉強に多くの時間を費やし、暗記が中心になりがちな理科・社会の勉強は後回しになります。後回しというのは、つまり直前期を指すのですが、入試本番まであと1～2週間というこの時期に、テキストをはじめから全部読み直すというのは、非効率的です。

ひとくちに暗記といっても、子どもによって覚えやすい方法があります。例えば、映像で覚えるのが得意な子は、大事なことをマインドマップに書き出して、つながりで覚えるといいでしょう。

それが苦手な子は、オーソドックスに市販の暗記本などを使って覚えるといいでしょう。そのとき、「あれ？　これって何のことだっけ？」と気になるものが出てきたら、塾のテキストで確認をし、その

部分をしっかり見直しておきましょう。

実は、多くの子は、ほとんどの知識は覚えています。でも、時間が経つうちにその記憶の取り出し方を忘れてしまっているだけ。だから、直前期はそれを思い出す作業をすればいいのです。例えば、テキストの目次を見るだけでも効果があります。

社会は人名、地名を丁寧に書く練習をしておきましょう。丁寧に書いた字というのは、忘れにくいものです。

また、近年、難関校に限らず、入試の問題文が長文になってきています。問題文が長いと、時間が足りなくなるのではと焦って読み飛ばしてしまう子は少なくありませんが、読み飛ばしは致命的なミスにつながります。

読み飛ばさないように読むには、日常的に音読の習慣をつけておくことが効果的です。本番では音読はできませんから、音読をするように黙読をする訓練をしておきましょう。

入試1週間前の親の心得

さて、そのころ、親は何をすればよいのでしょうか?　本番ではお子さんがいま持っている力を最大限に発揮するには、不安な状態にさせないということが最も大事。そのためには、事前の準備が必要です。

まず受験当日、試験会場にどのくらい前に着いていたらいいか。電車のダイヤが乱れた場合は、どんなルートで行くことが可能か。雪が降ったときはどうするかなど、あらゆる事態を想定して、そのための準備をしておきましょう。

入試当日の学校の最寄り駅は、予想以上の混み具合になります。例えば、東京・広尾駅。麻布中学と広尾学園の最寄り駅ということで、両校の受験生約1200人に加え、親、塾関係者がやってくるので延べ3000人。加えて、会社員の通勤経路でもあるので、とても混雑します。早く行き過ぎても困りますが、自宅からの所用時間プラス30分の余裕は持っておくようにしましょう。

最寄り駅まで無事に到着しても油断は禁物です。偶然、子どもが友達と会って話しているうちに親子がはぐれてしまうことがあります。万が一に備えて、親と連絡が取れるように小銭と親の連絡先、または学校までの地図を持たせておきましょう。

左は、私がおすすめする受験当日に用意したほうがいいものを挙げた持ち物リストです。学校によって、時計や下敷きなどは持っていってもよい場合とNGの場合があるので、事前に確認をしておきましょう。

入試本番　持ち物リスト

- □ 受験票
- □ 文房具一式（予備も含めて2セット用意）
- □ お弁当
- □ 水筒
- □ 上履きとそれを入れる袋
- □ ハンカチ、ティッシュ
- □ 駅から学校までの地図
- □ 入試要項（学校の連絡先や校内地図が書かれているもの）
- □ 時計
- □ 下敷き
- □ 薬（酔い止め、下痢止め、痛み止めなど）
- □ 生理用品（女子の場合）
- □ マスク
- □ 小銭
- □ ICカード乗車券（当日駅が混み合うので十分にチャージをしておくこと）
- □ 靴下の予備（雨や雪に備えて）
- □ 手袋、マフラー、カイロなどの防寒具
- □ 大きめのエコバッグ（脱いだ上着などを入れておく）

そして受験に「絶対」はありません。当日の子どもの体調やメンタルによって、安全校として受けた学校が不合格になることもあります。できることなら全落ちは避けたいものですが、万が一、不合格が続いた場合、その次をどうするか、事前に夫婦で話し合っておきましょう。

とにかく一つでも合格を手に入れたいのであれば、受験するかもしれない学校の願書はすべて用意しておくことをおすすめします。または、高校受験でリベンジをすると決めておくのでもいいと思います。大事なのは、何があっても、親が動揺しないことです。

入試当日の1週間前までに親がしておくべきこと

- ✔ 受験票のコピー、証明写真の予備を用意しておく
- ✔ 万が一のことを考えて、安全校として受けた学校が不合格だった場合も想定し、受験するかもしれない学校の願書はすべて用意しておく
- ✔ 電車の順路、駅から試験会場までの順路を確認しておく
- ✔ 電車は事故や遅延などに備えて、別ルートも調べておく

✔ 雨や雪に備えて、長靴やスノーブーツを用意しておく
その際、1、2度履き慣らしておくとよい

✔ 学校ごとに募集要項を再確認し、各学校の持ち物を書き出す

入試本番直後の親の心得とは？

このように万全に準備をして、当日の入試に挑みます。しかし親がすべきことは、これで終わりではありません。試験が終わった子どもをどう迎え入れ、帰宅して夜寝るまでに何をすべきか、親は考えておく必要があります。

また万が一、子どもが試験で思うように力が発揮できなかった場合、どのような対策をとるかについても考えておきましょう。

まず子どもの調子は「気力」と「体力」の2軸で分けて考えることができます。それぞれの強さ、弱さを考慮して、次に控える受験に挑むようにしましょう。

気力があまりない子（下図のCとD）は、一度不合格になるとその後の立て直しが難しくなります。こういう子の場合、あらかじめ受験校選びは「走り切り型」を設定しておくといいでしょう。受け終わったらテストの検証はせず、明日に向かって気持ちを切り替えていくよう、お子さんを励ましてあげてください。

気力はあるけれど、体力がない子（下図のB）は、とにかく十分な睡眠を取らせることが先決です。

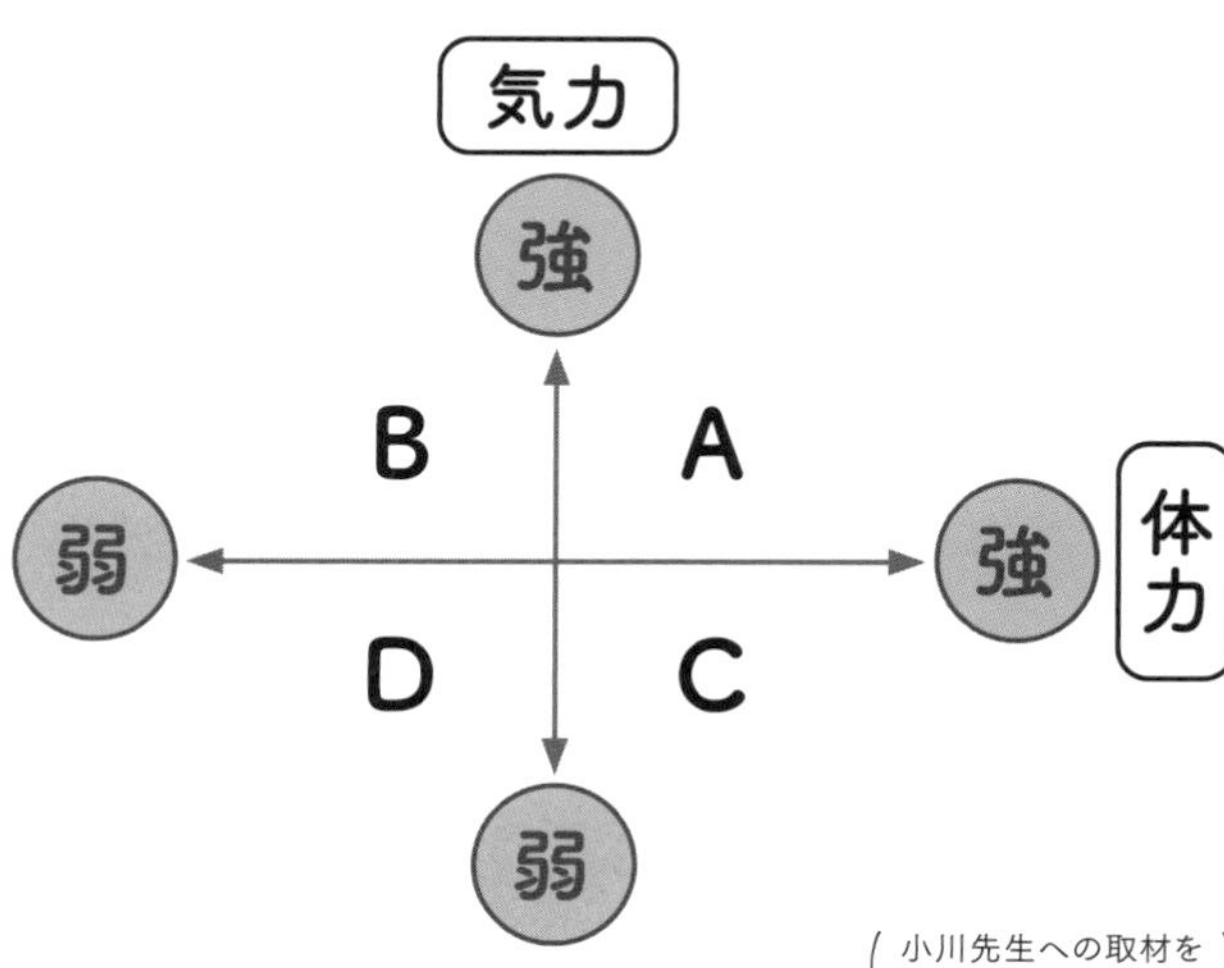

（小川先生への取材をもとに、DUALで作成）

4科入試は小学生の子どもにとってはしんどいものです。午後入試は体力的に耐えられるかどうか十分に検討してから決めてください。

また、Bの中で受験日程をゆったり組んだ子は、時間的な余裕を生かしてテストの振り返りを少ししておきましょう。

その際、いつも通りにできていたらしっかり褒めてあげます。いつも通りではないときは、「何があったんだろうね」と落ち着いて問いかけてあげてください。もし、「緊張して実力を発揮できなかった」と言ったら、「そうやってそのときの自分を思い出せているから、もう大丈夫だね」と安心させてあげてください。そのように本人の胸の内を聞いてあげると、子どもは気持ちを切り替えることができます。

体力も気力も充実している子（右下図のA）の場合は、とても上手に受験に取り組めているということです。しかしひとつだけ注意してほしいのは、気合いが入り過ぎて、いつも以上の特別な力を出そうとしてしまうことです。思わぬミスにつながりますから、「いつも通りで大丈夫」と声を掛けて、落ち着いてテストに臨ませてあげましょう。

中学受験は親子の受験。でも、最後は子どもの力を信じるしかない

中学受験は親子の受験と言われています。わずか10～12歳の子どもが挑む受験のため、学習管理から健康管理、モチベーションの維持に至るまで親が伴走してあげなければ、正直成り立ちません。ですから、これまで親が主導で、常に先回りをして学習管理をしてきた家庭は、どちらかといえばうまくいってきたはずです。

ところが本番が近づくと先回りをすることができなくなります。あとは本番を待つだけの状態になったとき、親は何かをしなければと焦り出してしまいがちです。

結局のところ入試は子ども自身が乗り越えなければならないものです。最後はわが子の力を信じるしかない。親御さんがあれもこれもとやってしまうと、お子さんの足を引っ張ることになりかねません。最後の最後に親ができることはただ一つ。わが子の力を信じることです。

中学受験は親が笑顔ならたいていはうまくいく

家庭教師「名門指導会」代表　西村則康先生

親が持ってしまう「頑張れば報われる」という根性論

近ごろ、「教育虐待」という言葉が多く取り上げられるようになりました。教育虐待とは、教育熱心な親が過大な期待を子どもに寄せ、過度な要求をしてしまうこと。子ども自身の意思を無視して勉強を強制したり、学力に見合わない偏差値の高い学校を受けさせるなど、わが子を思うあまりとはいえ、エスカレートすると子どもの心を傷つけます。

昔から「教育ママ」という言葉があったように、それと似たようなことは行われていましたが、今の時代の「教育虐待」は少し質が違います。

1つでも当てはまったら要注意

- □ 成績が上がらないのは**努力が足りないからだ**と思う
- □ **学力は足りていないけれど**偏差値の高い学校を受けさせるつもりだ
- □ **子どもは楽しんでいないが**、将来のためを思って毎日習い事を入れている
- □ **「なんで分からないの？」「私はできたのにどうしてできないの？」**とつい子どもを叱ってしまう

よく「中学受験は親子の受験」と言われるように、親のサポートなしでは成り立たない受験です。なぜなら小学生の子どもは成長途上にいるため、大学受験に挑む高校生のように自分でスケジュールを立てて、自律的に受験勉強を進めていくのは難しいからです。そのため、親がリードをしながら進めていくことになります。

ところが、子どもの受験は親も初めての経験ということが多いですし、今の時代はインターネットを通じて何でも情報を得ることができるので、「少しでも合格に近づけるのであれば」とあれもこれもやらせる親御さんが多いのです。

また、昔から日本には「頑張れば報われる」という根性論があります。中学受験においても「たくさん勉強をすれ

ば合格できる」「いま我慢をして勉強をすれば、将来は保証される」という考えをお持ちの親御さんは少なくありません。

そのため、わが子を思って、必要以上に勉強をやらせ過ぎてしまうのです。しかし、小学生の子どもは体力も気力も大人のように丈夫ではありません。大人のように無理がきかないのです。

中学受験は成熟度の高さが関わる

また、中学受験の勉強は、小学生には理解が難しい抽象概念が求められます。そのため、成熟度の高さが成績に大きく影響します。ですから、頑張っても報われないことがあります。しかし親御さんたちはそれを認めず、「成績が上がらないのは努力が足りないからだ」と思い込み、さらに頑張らせようとします。でも、それは中学受験のプロの視点から見ると、教育虐待に当たるのです。

けれども、親はそのことを自覚していません。また、子ども自身もはじめは「もっと頑張らなければ」と思います。しかしそれが繰り返されると、「もうこれ以上頑張れない」と感じ始めます。それにもかかわらず親の叱咤激励が続いてしまうことが多いのです。それは教育虐待そのものです。

子ども自身が「つらい」と思うことはあっても、受験勉強というのはそういうものなんだなと受け入れてしまう。なぜなら家庭内という小さな世界で行われているので、親も子もそれがおかしなことと は気づかないのです。

親のサポートが必要になる中学受験は、その傾向が出やすくなります。「うちはそんなことないわ」と思っていても大なり小なりはあり、場合によってはエスカレートしてしまうこともあります。

習い事を詰め込み過ぎると、工夫をしない子になる

偏差値の高い難関中学に入れば、その先は東大をはじめとする難関大学へも行ける。そうすれば、大企業に就職でき、将来は安泰。かつてはそういう価値観の下で、中学受験をする家庭がありました。

今は学歴がすべてではなく、「生きる力」が求められる時代です。とはいえ、そういうことを求められなかった時代に育った親御さんたちの世代は、手本がないまま今の時代の子育てをしていかなければ

ばなりません。親世代に聞いても分からないから、インターネットやママ友の情報を頼りにするしかないのです。

- **これからはプログラミングができていないといけない**
- **グローバル化で英語が話せなければいけない**
- **幼いときから楽器を一つ習わせておくといいらしい**
- **運動がまったくできないと困るから、何かスポーツもやらせておきたい**
- **中学受験をするなら低学年のうちは公文に通わせておくといい**

これらをすべて取り入れたら、子どもの1週間のスケジュールはあっという間に埋まってしまいます。実は今、このように習い事で1週間を埋め尽くしてしまうご家庭がとても多いのです。

親御さんからすれば、子どもの力はできるだけ伸ばしてあげたいという気持ちなのでしょう。子どもにいろいろなチャンスを与えることはとてもよいことだと思います。もし、お子さんが楽しく通っているなら、その力を伸ばしてあげればいい。でも、楽しく感じていなかったり、毎日忙しくてしんどいな、と思っていたりしたら、それも教育虐待です。

子どもは自由な時間に自分のやりたいことを見つけたり、面白いことを考えたりします。この時間こそが、世の中のさまざまなことにアンテナを張り、創造力を養うのです。

ところが、たくさんの習い事で1週間の予定がぎっしりつまっている子は、親に言われるがまま、その予定をそつなくこなすだけになっています。この癖がついてしまうと、中学受験の勉強をするときも、「言われたことを言われたように解く」という癖がつきやすいのです。

入試で塾のテキストとまったく同じ問題を出すところはありません。どの学校も少し切り口を変え、考えさせる問題を出してきます。なぜなら、人の指示通りに動く子よりも、自分で考える子に来てほしいからです。大人から言われたことを何の疑いもなく、機械的にこなしてしまう子は、自分なりに考えたり、工夫したりする経験が圧倒的に少ないので、自分で考えることが苦手です。それこそが、やらせ過ぎの問題点だと感じています。

子どもがのびのびと勉強できるために

中学受験の勉強は、家庭で進めていかなければいけない部分が多く、親にとって大きな負担になります。家庭内のことは、他人は知ることができないので、行きすぎた教育にストップがかかりにくいのが現実です。

家庭教師をしていると、いろいろなご家庭を見ることができます。あるご家庭で、お母さんが娘さんを厳しく指導をしていました。その娘さんは女子御三家の一つである難関中学を目指していました。

難関校の問題を教えられるお母さんは少ないので、「もしかすると、お母さんも中学受験をされていますか?」と聞くと、娘さんが目指している学校の卒業生だったのです。

そこで、お母さんに「お母さんは子どもの頃、どんなふうに勉強をしてきたのですか?」と聞いてみると、やはりお母さん(娘にとっては祖母)に厳しく指導をされていたといいます。ですからたくさん勉強をやらなければ合格できないと思い込んでいるのです。

実は子どもに厳しく当たる親御さんに、子どもの頃のことを聞いてみると、「自分も親に厳しく育てられた」という人が多いのです。インターネットの普及でたくさんの情報が得られるようになったいまも、こと子育てに関しては、自分の狭い経験を繰り返してしまうことが多い。

この負の連鎖を断ち切るためには、お母さん自身の話をしっかり聞いてあげる必要があります。初めはなかなか心を開いてくれませんが、回を重ねて話を聞いてあげるうちに、お母さんの心が和らぐことがあります。すると、途端に子どもの表情も変わり、勉強がうまく進んでいくことが多いのです。

教育虐待に陥りがちなお母さんの多くは、常に眉間にしわを寄せて、不機嫌な顔をしています。こうした表情で「なんで分からないの?」と叱られ、「私はできたのにどうしてできないの?」と嫌みを言われ、「できないのは、あなたの努力が足りないからよ」と大量の課題を押しつけられる。

そこには、「一度しかない子育てで失敗をしたくない」というお母さん自身のプレッシャーが伝わってきます。しかし、こんな状態で、子どもがのびのびと勉強できるはずがありません。

長年家庭教師をしていて感じますが、成績が伸び悩んでいる子の家庭に共通しているのは、お母さんに笑顔がないことです。「わが子のために」と思って一生懸命なのは分かりますが、その愛情のかけ方を間違えてしまっているのです。

極端な話、子どもはお母さんがいつも笑顔でいてくれれば、大好きなお母さんのために頑張ろうという気持ちになります。そのくらい、お母さんの笑顔は最強なのです。

まだ幼い小学生の子どもを受験に向かわせるのは、簡単なことではありません。思うようにいかなくて焦ったり、イライラしたりすることもあるでしょう。そして、ついきついことを言ってしまう日もあるかもしれません。そんなときはご自身の顔を鏡でご覧になってください。「あ、私、ちょっと怖い顔になっているな」と思ったら要注意。そこで気づけることが大事です。

Column 2

途中撤退でも不合格でも、中学受験は未来に生きる

秘めた思いを胸に中学受験に臨む主人公・俊介と、厳しい家計をやりくりして彼を支える家族の成長を描いた小説『金の角持つ子どもたち』(集英社文庫)が、受験生を持つ親の間で話題になっています。著者の藤岡陽子さんは、受験生として、また娘と息子の二人の子の親として中学受験に向き合った経験があります。

藤岡さんは、中学受験に挑む年ごろの子どもたち特有の「真っ白な純真さ」に着目。方向転換や合格・不合格には関係なく、この時期にまっすぐ無心に中学受験の勉強に挑むことには大きな意味がある、と小説を通じて伝えたかったと言います。中学受験を頑張っている受験生の親たちに温かいメッセージを寄せてもらいました。

藤岡陽子さん　小説家・看護師

1971年、京都府生まれ。同志社大学文学部卒業。2006年「結い言」で北日本文学賞選奨を受賞。2009年『いつまでも白い羽根』でデビュー。著書に『手のひらの音符』『晴れたらいいね』『おしょりん』『満天のゴール』『跳べ、暁!』『きのうのオレンジ』ほか多数。看護師資格を持ち、京都の脳外科クリニックに勤めている。小6で中学受験を決意した男の子の成長と家族の応援を描いた小説『金の角持つ子どもたち』(集英社文庫)が受験親たちの間で話題を集める。

写真／内藤貞保

12歳には大人になる直前の純粋な輝きがある

日経xwomanDUAL（以下、略）　小説『金の角持つ子どもたち』は、小学6年生になるサッカー少年の俊介が突然、難関中学を受験したいと両親に打ち明けるところから物語がスタートします。母親自身は家庭の事情で高校中退を余儀なくされており、学歴とは無縁の状態で生きてきましたが、俊介の希望をかなえようとパートを始めます。俊介は塾に通い始め、自分とほかの塾生たちのレベルの違いを痛感しますが、彼が努力する姿を母親と塾の先生は温かく見守り、応援し、受験を迎えます。

本作には中学受験を控えた親、中学受験を終えた親、すべての胸に突き刺さるシーンとセリフが満載でした。執筆のきっかけは何だったのでしょうか。

藤岡陽子さん（以下、藤岡）　2020年の夏、ミニバスケットボール、通称「ミニバス」と呼ばれる小学生のバスケットボールを題材にした小説を書きました。その取材で、ミニバスの監督やコーチにお話を伺ったとき、「小学生には、小学生にしかない真っ白な純真さがある」と聞いたんです。

小学生まではただ一心に目標に向かって頑張ることができるけど、中学生になると少しずつ自分や周りに対する言い訳、エクスキューズが増えていく。楽なほうに逃げてしまって、バスケを続けなくなる子が少なからずいる、というお話でした。

それを聞いて、中学受験に通じるものがあると思ったんです。スポーツでも勉強でも頑張れるかどうか、そのぎりぎりのラインが12歳。中学受験に挑む子どもたちも、ひたすらまっすぐ無心に勉強に挑んでいる。あっという間に失われてしまうそのまぶしい輝きを、実体験から学んだ中学受験との向き合い方と併せて書きたいと思いました。

――確かに、小学生から中学生になると、良い意味でも悪い意味でもぐっと大人に近づきますよね。

藤岡　はい、中学生になると、子どももだんだん周りや世の中が見えてきて、人と比べることも増え、物事をあるがままに、前向きに受け止めることができなくなりますよね。苦しいこと、つらいことにめげず、ただひたむきに努力できる時期は、人生の中のほんの一瞬なのかもしれません。

そして、セリフに書きましたが「中学受験は裕福な家の子息がエリートコースに乗るためのショートカット的なシステム」という洗練された印象を持つ人がいるかもしれません。でも、実際は全く違って、もっと泥臭くてどろどろとした、必死な世界です。これから足を踏み入れる人、興味を持っている人に、リアルな中学受験を伝えられたらと思いました。

――家庭の事情で高校を中退して働き、家族の暮らしを支えて生きてきた俊介の母・菜月が、俊介と共に夢を持って生き直す姿も象徴的ですね。

藤岡　今は菜月のように中卒の学歴で働く人は減っているでしょうが、親が子どもの教育レベルを左右している現実は変わりません。子どもに学ぶ意欲があっても、親の方針で学ぶ場を奪われたり、意に反してレベルを下げたりしている子どもは少なくないでしょう。

合否に惑わされずに受験の本質と向き合うには

――藤岡さんご自身も中学受験をしたそうですね。

藤岡　はい。小学6年生のときに、姉が高校受験をする際、ついでのような形で私も進学塾へ通うことになりました。姉の志望校はレベルが高かったので、同じ高校を志望する場合、中学から入っておけば少しは楽になるかもしれない、と親が考えたのだと思います。

ところが、私自身は受験生の自覚がほとんどなく、塾に通ってはいたもののろくに勉強せずにだらだらと過ごしていました。もちろん結果は不合格。当たり前といえば当たり前ですが、当時の私はとてもショックで、後悔にさいなまれながら地元の公立中学へ進学しました。この不合格が原動力となって、高校受験では姉と同じ学校を受験して合格しています。

――娘さんと息子さんの2回、親の立場でも中学受験を経験されています。娘さんのときはいかがでしたか。

藤岡　娘にも一つの選択肢として中学受験を勧めました。ただ、一人目なのもあって、「受験のために勉強漬けにするのはかわいそうなのではないか」と心のどこかで思ってしまって……。あまりきつくない、アットホームな塾を選びました。

でも、後から考えれば、このぶれが良くなかったのかもしれません。勉強量が圧倒的に足りず、娘は不合格。あのときの私と同じように泣いている娘を見て、「どうせ受験をするのなら、全力でやらせてあげればよかった」と心の底から思いました。

――子どもの涙を見るのは切ないですね。

藤岡　娘の反省を生かして、息子は最初から進学塾を選びました。そのおかげで、受験を決めてから3年間、本人も親も「悔いがない」と言い切れるまで本当に全力を出し切ることができました。いざ受験を迎えた段階では「合格でも、不合格でもどちらでもいい」とすがすがしい気持ちでした。結果、息子は第1志望に合格。やれることをすべてやったからこそ到達できる境地があることに、そのとき改めて気付かされました。

――塾選びのほかに、娘さんの受験が息子さんの受験に生かされた部分はありましたか。

藤岡　中学受験の不合格の通知にひとしきり泣いた後、娘は高校受験を見据えて真剣に勉強に取り組み始めました。不合格の怖さ、つらさを知っているから、周囲の雑音に惑わされることもなく、中学校の

3年間ひたすら勉強し続けて志望高校に合格。娘は大学受験へ向けて取り組み始めたのも早く、かつ終始真剣で、しっかり志望大学の合格を勝ち取りました。

その姿勢は、私たちに「中学受験で不合格になってもいい。やってきたことはその先で必ず生きる」ということを教えてくれました。娘と息子は年齢が6歳離れているので、娘が言葉にしなくても、その姿勢から息子が学んだものは多かったと思います。

中学受験に夢中になっているとつい忘れてしまいますが、不合格になっても人生は続き、その先でもっと大きな合格を勝ち取る可能性は十分にあるのです。息子のときは、そのことに気付けていたので、中学受験でも合格・不合格よりも「やり切ること」を重視しました。だから、おおらかな気持ちで臨めた気がします。もし不合格になっても、全く問題ないよ、頑張っている「今」を応援するよ、と。

——今中学受験に向かっている親子も、「今の努力」にフォーカスできたら、もっと気が楽になるかもしれないですね。

藤岡　そうですね。私も、娘のときに同じ気持ちを持てていたらもう少し違った結果が得られたかもしれないな、と思います。受験に挑む多くの親子が直面しがちな壁だと思うので、小説を通して「今、努力をしていることがすばらしい」というメッセージを伝えられたらいいなと思っています。

志望校選びのサポート、親はどうする

――主人公には明確な志望校がありましたが、中学受験で子どもが主体的に学校を選ぶのは難しいと思います。藤岡さんはどのようにお子さんの学校選びをサポートしたのでしょう。

藤岡　小学校高学年の子が、行きたい学校を自分で見つけてくるのは至難の業です。ましてや、自分に合う学校のカラーや教育方針ともなれば、子どもは分からなくて当然でしょう。

ですから、こと中学受験においては、ある程度親が主導する形で志望校を選んでいいと思います。子どものことを子ども以上によく理解しているのは、ほかならぬ親だからです。育児のポリシーなどを踏

まえて情報を収集し、「この学校の、こういうところがあなたに向いていると思うよ」とプレゼンして、価値観をすり合わせていくといいのではないでしょうか。

――情報収集の方法もいろいろありますね。

藤岡　私は、ネットの口コミなどを参考にするほか、気になる学校に子どもを通学させている保護者に直接話を聞きました。就職活動で希望する企業で働いている先輩に話を聞くOB・OG訪問のようなものですね。進学を希望していると言えば本音で話してくれる人が多いので、「ネットではこう書かれているけど、本当はどうなの?」といった質問もしやすいですよ。

途中で「中学受験をやめる」となった場合

――小説では、主人公が塾通いに疲れて、ふと立ち止まるシーンがあります。多くの子どもが一度は同じ気持ちになると思うのですが、もしわが子がそのまま意欲を失ってしまったら、藤岡さんならどうしますか。

藤岡　本人に迷っている様子が見えたり、やっぱりやめたいと言い出したりしたら、話し合って途中でやめるのもありですよね。一度でも勉強に全力投球した経験があれば、必ずまたどこかでスイッチを入れることができるはず。「勉強しなさい！」と怒って親子ゲンカばかりになるよりは、受験をやめるまでに得たものを親子で話し合うことのほうに大きな意味があります。

――親としては、これまでかけたお金が無駄になるような気がして…（笑）

藤岡　気持ちは分かります（笑）。でも、ぐっと我慢して、お金のことは言わないであげて。少なくとも、中学受験をめざしていた期間、お子さんは一生懸命勉強していたはずですし、家族もそれを必死で支えていたはずなんです。やめる決断をするまでのお互いの頑張りをねぎらい、いったん休憩しましょう。

――もしも、子どもが「中学受験をやめたい」と言い出したら、親はどんな態度を取ればいいと思いますか？

藤岡　わが家は二人とも、途中でやめると言い出すことはありませんでしたが、私自身は、子どもが勉強しているそばで本を読むなどして、努力をさりげなく見守りながら「一緒に戦っているよ」「ひとりじゃないよ」「あなたはできると信じているよ」というメッセージを伝えることだけを考えていました。

「中学受験しないなら、高校は……」と先走って親が調べて誘導したくなりますが、ここもできれば子どもの意志を引き出してあげられるように、ゆっくり並走していきたいですよね。そもそも親が子どもばかり見ているのは、子どもにとってはプレッシャーになります。小説で俊介の母親の菜月が自分の夢を見つけたように、親も自分の成長に目を向けられるよう、親自身が視点をずらすといいかもしれません。

——最後に、子どもの中学受験を検討している方、今まさに佳境という方に、メッセージをお願いします。

藤岡　途中でやめても、合格でも不合格でも、中学受験の勉強をした経験から得るものは必ずあります。

小さい頃、正答に丸を付けてもらうと、純粋にうれしかったじゃないですか。小学生のうちから受験勉強、というとマイナスの印象を抱く人もいるかもしれませんが、やっぱり「丸」をもらうと子どもはいい顔をするんですよね。「丸」を積み重ねていくことには小さな喜びが詰まっていて、自己肯定感だったり、学ぶ意欲だったり、いろいろなものを育んでくれると思います。もし解けなかった問題があっても、解き直しをしたら自分で解けるようになったとか、理解できるようになったといったことも、子どもにとっては喜びであり、成功体験と言えると思います。

私自身がそうでしたが、そうやって成功体験を積み重ねた子は、途中で受験をやめても、不合格だったとしても、それまでとは全く違う世界を目にするはずです。今やっていることは、必ず未来に生きる。そう信じて、ブレずにお子さんと一緒に戦ってあげてください。

※本書は、共働き子育てノウハウ情報サイト『日経xwoman DUAL』に
掲載している特集や連載の記事に、加筆・修正したものです

実録　中学受験　成功の分析

2021年11月29日　第1版第1刷発行

発行者　南浦淳之
編　集　藍原育子（きいろ舎）／羽田 光、蓬莱明子（共に日経xwoman DUAL）
編集協力　石渡真由美、北川聖恵、福本千秋、藤巻 史

発　行　日経BP
発　売　日経BPマーケティング
〒105-8308 東京都港区虎ノ門4-3-12

装丁・デザイン・制作　藤原未央　　印刷・製本　図書印刷株式会社

Printed in Japan　ISBN978-4-296-11107-7

日経xwoman DUALのご案内

中学受験情報を積極的に発信！

「日経xwoman DUAL」は、2013年11月に創刊しました。年を追うごとに、共働き子育て世帯の数は増加。国や企業の意識も変化しつつあり、子育てしながら管理職やリーダーを担うママも増えてきました。しかし、ワンオペ育児や長時間労働などの課題は数多く残っています。夫婦共に仕事で活躍し、子育てにも無理なく関わることができる社会の実現に向け、DUALは今後も共働きママ・パパに役立つ情報をお届けしていきます。連載や特集を通じて中学受験に関するお役立ち記事も積極的に発信しているほか、本書にも登場するプロ家庭教師、西村則康さんなどによる中学受験セミナーも実施し好評をいただいています。この機会に是非、ご登録ください。

日経xwoman DUAL　https://dual.nikkei.com/

DUALの中学受験関連連載・特集・セミナーの例

中学受験のイマが分かる　「共働き中学受験　基本のキ」
共働きで中学受験をどう乗り越えた?「中学受験親、集まれ!!」
【漫画】アオヤギ家流　明るい中学受験
【漫画】共働き家族のドタバタ中学受験★物語
中学受験する？ しない？ わが家の正解考える
中学受験特集　コロナ後の進路選びを考える
中学受験　途中から参戦、直前撤退 方向転換どう考える?

【セミナー】中学受験生の保護者必見 模試の見直しで点数が上がる（2021年9月24日にオンラインで実施）
【セミナー】10/22中学受験合格つかむ「過去問」使い方セミナー（2021年10月22日にオンラインで実施）